Judith Allen Shelly

Ein Kranker braucht mehr als Tabletten

Band III

Seelsorge in Krisensituationen

R. BROCKHAUS VERLAG WUPPERTAL

ABCteam

ABCteam-Bücher erscheinen in folgenden Verlagen:
Aussaat- und Schriftenmissions-Verlag Neukirchen-Vluyn
R. Brockhaus Verlag Wuppertal / Brunnen Verlag Gießen
Bundes-Verlag Witten / Christliches Verlagshaus Stuttgart
Oncken Verlag Wuppertal und Kassel

Das Buch erschien unter dem Titel: »Caring in Crisis.
Bible Studies for Helping People«
bei der InterVarsity Press, Downers Grove, Illinois

Deutsch von H. Seemann und E. Strelow

1984

Umschlaggestaltung: Ralf Rudolph, Ratingen
Gesamtherstellung: Breklumer Druckerei Manfred Siegel

ISBN 3-417-12326-7

INHALT

VORWORT

Wir alle erleben Krisensituationen in unserem eigenen Leben, in der Familie, bei Freunden, Bekannten, Patienten. Ein Freund hat einen Autounfall, Ihr Vater ist arbeitslos geworden, Ihr Pfarrer gibt bekannt, daß er sich von seiner Frau scheiden läßt.

Was tun in solchen Situationen? Oft möchten wir helfen, wissen aber nicht, wie. Was braucht der andere, und wie können wir ihm das geben? Haben wir überhaupt das Recht dazu, uns »einzumischen«?

Dazu kommt, daß in solchen Ausnahmesituationen plötzlich auch Menschen etwas über Gott wissen wollen, die sich bis dahin nicht mit religiösen Fragen beschäftigt haben. Wie gehen wir dann auf sie ein? Wie reagieren wir, wenn der andere Gott für sein Unglück verantwortlich macht und ihn anklagt? Wie können wir erkennen, ob er sich mit Glaubensfragen beschäftigt oder welche geistlichen Probleme er mit sich herumträgt, wenn er nichts darüber sagt?

In der Bibel wurden viele Menschen gerade in den Zeiten ihres Lebens beschrieben, als sie in einer Krise waren, zum Beispiel krank, verzweifelt, ohne Glauben oder in Auflehnung gegen Gott. Dieses Buch will zeigen, wie Gott ihnen begegnet ist und ihnen geholfen hat. Und vor allem, wie er heute Menschen in Krisen weiterführen und ihnen heraushelfen kann und will. Es ist ein Arbeitsbuch. Sie sollten Farbstifte und ein Notizbuch bereithalten. Ausgewählte Bibeltexte sind erläutert und mit Fragen versehen. Die Reihenfolge ist bewußt gewählt; es empfiehlt sich, sie beizubehalten.

Den Abschluß jedes Kapitels bilden Anregungen für ein Gruppengespräch. Dabei können Sie sich mit anderen austauschen, die ebenfalls die Bibeltexte durcharbeiten, können sich bei Fragen beraten und für sich und andere Menschen zusammen beten. Vielleicht kennen Sie einen Hauskreis in Ihrer Gemeinde, wo dieser Austausch möglich ist? Oder Sie treffen sich zu zweit oder zu dritt? Vielleicht können Sie auch einen Austauschkreis gründen.

Jeder, der mit Jesus Christus in Berührung kommt und an ihn zu glauben beginnt, wird erfahren, daß Seine Worte auch anderen Menschen helfen können. Um andere zu trösten und ihnen zu antworten, müssen Sie kein Pfarrer sein. Jeder Christ kann sich von Jesus gebrauchen lassen, um anderen Menschen zu helfen. Bevor Sie mit einer Bibelarbeit beginnen, können Sie Jesus bitten, daß er Sie in seinem Evangelium entdecken läßt, was einem Menschen in der Krise oder Ihnen selbst gerade jetzt hilft.

I. Für Menschen sorgen

Ich glaube, daß der Mensch von Gott geschaffen ist, nach seinem Bild, und daß er erst in der Beziehung zu Gott umfassende Gesundheit und die Fülle des Lebens findet. Deshalb bedeutet christliche Fürsorge auch die Sorge für das geistliche Wohlergehen eines Menschen, also Seelsorge.

Bei dem Gedanken daran, daß sie selbst Seelsorge an anderen ausüben könnten, erheben sich für viele Christen Fragen: Woher nehmen wir das Recht dazu? Was sind unsere Ziele? Wie können wir uns um geistliche Probleme unserer Freunde oder Patienten kümmern, wenn sie keine Christen sind? Wollen sie denn selbst über Fragen des Glaubens sprechen oder halten sie ihr Verhältnis zu Gott für eine Privatsache, die niemanden etwas angeht?

Die folgenden Bibelarbeiten sollen Ihnen helfen, Antworten auf diese Fragen zu finden.

1. Unsere Aufgabe

● Was ist Ihre Aufgabe als Christ? Von wem bekommen Sie sie? Zu Beginn seines irdischen Dienstes hat Jesus in der Synagoge von Nazareth einen Bibeltext vorgelesen: Jesaja 61,1—3 (Lukas 4,18—19). Als Christ, in dem Christus lebt, sind Sie berufen, in seinem Namen zu dienen. Lesen Sie heute Jesaja 61,1—3.

● Nehmen Sie verschiedene Farben zur Hand und unterstreichen Sie die Antworten zu folgenden Fragen:

— Wer gibt Ihnen den Auftrag und die Autorität zum Dienen? (rot)

— Wem sollen Sie dienen? (blau)

— Was sollen Sie tun? (grün)

— Was wird das Ergebnis sein? (schwarz)

● Denken Sie über die Personenkreise nach, die Sie blau angestrichen haben. Schreiben Sie Beispiele in jedem Bereich auf, Leute, die Sie kennen. (Beispiel: Wer sind die mit gebrochenem Herzen in Ihrem Leben?)

● Was beinhalten die Formen des Dienstes, die Sie grün unterstrichen haben? (Beispiel: Wie können Sie jemanden verbinden, der ein gebrochenes Herz hat?)

● Denken Sie an einen Menschen — Familienmitglied, Freund, Patient —, der Ihren Dienst braucht. Was können Sie für ihn tun, wenn Sie diesen Abschnitt als Grundlage nehmen?

● Was sollte nach Jesaja 61,1—3 das Endergebnis Ihres Eingreifens sein?

1 Der Geist Gottes des Herrn ruht auf mir, dieweil mich der Herr gesalbt hat;
er hat mich gesandt, den Elenden frohe Botschaft zu bringen, zu heilen, die
gebrochenen Herzens sind, den Gefangenen Befreiung zu verkünden und
den Gebundenen Lösung der Bande, 2 auszurufen ein Gnadenjahr des Herrn
und einen Tag der Rache unsres Gottes, da alle Trauernden getröstet wer-
den, 3 da ihnen ein Kopfschmuck gegeben wird statt der Asche, Freudenöl
anstatt der Trauerhülle, Lobgesang statt verzagenden Geistes, da man sie
nennt »Terebinthen der Gerechtigkeit«, »Pflanzung des Herrn« ihm zur Ver-
herrlichung.

Jesaja 61,1–3 (Zürcher Bibel)

2. Unsere Blickrichtung

- Lesen Sie Lukas 10,1—12 und 16—20.
- Welchen Dienstauftrag erhielten die 70 Jünger?
- Zu welchen Leuten schickte sie Jesus?
- Wie sahen die Verhältnisse aus, in die sie geschickt wurden?
- Vergleichen Sie diese Verhältnisse mit Ihrer Umgebung im Beruf, in der Schule oder der Nachbarschaft.
- Welchen Sinn könnte es gehabt haben, daß sie zu zweit ausgesandt wurden?
- Was bedeutet es für Sie, wenn es in Ihrer Umgebung noch einen Christen gibt?
- Was sagt der Text über das Gebet — wie ändert es die Sachlage?
- Jesus ordnete an, nicht von Haus zu Haus zu ziehen, sondern im gleichen Haus zu bleiben. Was bedeutet es für einen Christen in seinen Möglichkeiten, andere zu erreichen, wenn er kontinuierlich am gleichen Ort lebt?
- Wieviel Vollmacht gab Jesus den 70 Jüngern?
- Zusammen mit der Verantwortung und Vollmacht, in seinem Namen zu dienen, gab Jesus ihnen auch die Kraft, ihren Auftrag auszuführen; aber er wies sie zurecht, als sie nachträglich über diese Macht in Aufregung gerieten. Warum? Worauf möchte er ihr Hauptinteresse lenken?
- Was heißt das, »freut euch, daß eure Namen im Himmel geschrieben sind«?
- Welchen Auftrag hat Gott Ihnen gegeben?
- Wer sind die Menschen, denen Sie dienen sollen?

1 Darnach aber bestimmte der Herr siebzig andre und sandte sie zu zweien
vor sich her in alle Städte und Orte, wohin er selbst kommen wollte: 2 Und er
sprach zu ihnen: Die Ernte ist groß, aber der Arbeiter sind wenige. Bittet da-
her den Herrn der Ernte, daß er Arbeiter in seine Ernte sende! 3 Gehet hin!
Siehe, ich sende euch wie Lämmer mitten unter die Wölfe. 4 Traget keinen
Beutel, keine Tasche, keine Schuhe, und auf dem Wege grüßet niemand!
5 Wo ihr aber in ein Haus eintretet, da sprechet zuerst: Friede diesem Hause!
6 Und wenn dort ein Sohn des Friedens ist, wird euer Friedensgruß auf ihm
ruhen; wenn aber nicht, wird er zu euch zurückkehren. 7 In ebendiesem Haus
aber bleibet und esset und trinket, was ihr von ihnen bekommt; denn der Ar-
beiter ist seines Lohnes wert. Gehet nicht aus einem Hause weg in das andre!
8 Und wo ihr in eine Stadt kommt und sie euch aufnehmen, da esset, was
euch vorgesetzt wird, 9 und heilet die Kranken, die darin sind, und saget ih-
nen: Das Reich Gottes ist zu euch genaht! 10 Wo ihr aber in eine Stadt
kommt und sie euch nicht aufnehmen, da gehet auf ihre Straßen hinaus und
sprechet: 11 Auch den Staub, der sich von eurer Stadt uns an die Füße gesetzt
hat, wischen wir [zum Zeichen] wider euch ab; doch das sollt ihr wissen, daß
das Reich Gottes genaht ist. 12 Ich sage euch: Es wird Sodom an jenem Tag
erträglicher ergehen als dieser Stadt.

16 Wer euch hört, der hört mich, und wer euch verwirft, der verwirft mich;
wer aber mich verwirft, der verwirft den, der mich gesandt hat.

17 Die Siebzig aber kehrten mit Freuden zurück und sagten: Herr, auch die
Dämonen sind uns untertan kraft deines Namens. 18 Da sprach er zu ihnen:
Ich sah den Satan wie einen Blitz vom Himmel fallen. 19 Siehe, ich habe euch
die Macht gegeben, auf Schlangen und Skorpione zu treten, und [Macht]
über alle Gewalt des Feindes; und er wird euch keinen Schaden zufügen.
20 Doch nicht darüber freuet euch, daß die Geister euch untertan sind; freuet
euch vielmehr, daß eure Namen in den Himmeln aufgeschrieben sind!

Lukas 10,1–12.16–20 (Zürcher Bibel)

3. Ein Diener sein

- Zur Zeit Jesu war die Fußwaschung ein Zeichen der Gastfreundschaft. Sie wurde gewöhnlich von Sklaven ausgeführt. Welche Aufgaben müssen Sie manchmal für Leute in Krisensituationen übernehmen, die der Fußwaschung gleichkommen?
- Lesen Sie Johannes 13,1—20.
- Jesus wusch allen Jüngern die Füße, auch Judas. Was folgt für Sie aus diesem Beispiel?
- Was motiviert einen Christen, anderen zu dienen?
- Was ist für Sie als Diener das Schwerste?
- Für Schwester Johanna gehört es zum Christsein, daß sie entgegen allgemeiner Praxis für die Patienten fröhlich und teilnehmend sorgt. Aber seit kurzem bemerkt sie, daß ihre Bereitschaft zu dienen ausgenützt wird. Ihr werden alle die Patienten übertragen, die mühsame Pflege und dauernde Überwachung brauchen. Was würden Sie an ihrer Stelle tun?
- Wenn wir die bisherigen Bibeltexte noch einmal überblicken, dann sehen wir: Jesus erwartete von seinen Nachfolgern, daß sie neben der Verkündigung des Evangeliums auch auf die körperlichen Bedürfnisse der Menschen eingehen sollten, denen sie begegneten. Was hat körperliche Fürsorge mit der geistlichen Betreuung zu tun?

1 Vor dem Passafest aber, als Jesus wußte, daß seine Stunde gekommen sei,
aus dieser Welt zum Vater zu gehen, erwies er den Seinigen in der Welt, wie
er sie [bisher] geliebt hatte, seine Liebe bis zum Ende. 2 Und während eines
Mahles, als der Teufel in seinem Herzen schon den Plan gefaßt hatte, daß Ju-
das Ischarioth, Simons Sohn, ihn verraten sollte, 3 steht Jesus – er wußte ja,
daß ihm der Vater alles in die Hände gegeben habe und daß er von Gott aus-
gegangen sei und zu Gott hingehe – 4 vom Mahle auf und legt die Kleider ab,
nimmt ein leinenes Tuch und umgürtet sich. 5 Darauf gießt er Wasser in das
Becken und fängt an, den Jüngern die Füße zu waschen und mit dem leine-
nen Tuch abzutrocknen, mit dem er umgürtet war. 6 Er kommt nun an Si-
mon Petrus. Der sagt zu ihm: Herr, *du* willst mir die Füße waschen? 7 Jesus
antwortet und sagt zu ihm: Was ich tue, weißt du jetzt nicht; du wirst es aber
nachher verstehen. 8 Petrus sagt zu ihm: Nimmermehr sollst du mir die Füße
waschen! Jesus antwortete ihm: Wenn ich dich nicht wasche, hast du keine
Gemeinschaft mit mir. 9 Simon Petrus sagt zu ihm: Herr, nicht meine Füße
nur, sondern auch die Hände und das Haupt! 10 Jesus sagt zu ihm: Wer gewa-
schen ist, bedarf [weiter] keiner Waschung, sondern er ist ganz rein. Und ihr
seid rein, aber nicht alle. 11 Denn er kannte seinen Verräter; deshalb sagte er:
Ihr seid nicht alle rein.

12 Als er ihnen nun die Füße gewaschen und seine Kleider genommen und
sich wieder zu Tische gesetzt hatte, sprach er zu ihnen: Versteht ihr, was ich
euch getan habe? 13 Ihr nennt mich Meister und Herr, und ihr sagt es mit
Recht; denn ich bin es. 14 Wenn nun ich, der Herr und der Meister, euch die
Füße gewaschen habe, ist es auch eure Pflicht, einander die Füße zu waschen.
15 Denn ein Vorbild habe ich euch gegeben, damit auch ihr tut, wie ich euch
getan habe. 16 Wahrlich, wahrlich, ich sage euch: Ein Knecht ist nicht größer
als sein Herr, noch ein Gesandter größer als der, welcher ihn gesandt hat.
17 Wenn ihr dies wißt – selig seid ihr, wenn ihr es tut. 18 Ich rede nicht von
euch allen; ich weiß, welche ich erwählt habe. Aber das Schriftwort muß er-
füllt werden: »Der mein Brot ißt, hat seine Ferse wider mich erhoben.«
19 Von jetzt an sage ich es euch, bevor es geschieht, damit ihr, wenn es ge-
schieht, glaubt, daß ich es bin. 20 Wahrlich, wahrlich, ich sage euch: Wer ei-
nen aufnimmt, wenn ich ihn sende, nimmt mich auf; wer aber mich auf-
nimmt, nimmt den auf, der mich gesandt hat.

Johannes 13,1–20 (Zürcher Bibel)

4. In einer pluralistischen Welt leben

● Lesen Sie Kolosser 2,1—19.

— Unterstreichen Sie alle Sätze rot, die auf Christus hinweisen.

— Unterstreichen Sie alle Sätze blau, die auf Sie als Gläubige hinweisen.

— Kennzeichnen Sie mit einem Ausrufezeichen jede Attacke der Welt auf den christlichen Glauben.

● Stellen Sie zusammen, was in diesem Abschnitt an Orientierung, Ermahnung und Ermutigung gegeben wird. Wie können sie in Ihrem Leben angewandt werden?

● Fassen Sie mit eigenen Worten zusammen, wer Jesus nach diesem Textabschnitt ist und was er getan hat.

● Was hat Jesus in Ihrem Leben bewirkt?

● Die Kolosser standen unter dem Einfluß von Heiden und gesetzlichen Juden. Einige Lehrer versuchten, sie zu überzeugen, daß gewisse Glaubensinhalte und Praktiken in ihren Glauben an Christus mit aufgenommen werden müßten. Schreiben Sie die verschiedenen Einflüsse, Glaubensrichtungen und Handlungen auf, und schreiben Sie dazu ein zeitgenössisches Beispiel aus unserer Kultur (zum Beispiel, welche falschen Forderungen an die Kirche oder an die Christen gestellt werden).

● Heute tauchen viele Philosophien, Religionen und Bewegungen auf, die scheinbar wissenschaftlich erprobt sind (wie Transzendentale Meditation oder Yoga), die aber in Wirklichkeit nicht auf »neutralen«, allgemeingültigen Erkenntnissen aufbauen, sondern auf Weltanschauungen, die im Gegensatz zur Bibel stehen. Ihr Glaube sieht Gott, den Menschen und das Universum ganz anders als die Bibel, und dieser Glaube fließt auch in ihre Lehren und Methoden ein. Wie kann das, was wir über Christus wissen und was er für uns getan hat, uns helfen, die Lehren und Philosophien in der Welt zu beurteilen?

● Welche Hilfe bietet der Abschnitt uns an, um bei Menschen, die in einer Krise stecken, die geistlichen Bedürfnisse herauszufinden und Hilfe anzubieten?

1 Ihr sollt wissen, was für einen schweren Kampf ich für euch und für die
Gläubigen in Laodizea zu bestehen habe, auch für alle anderen, die mich per-
sönlich nie gesehen haben. 2 Dadurch sollen sie getröstet werden; sie sollen
in Liebe zusammenhalten, um die tiefe und reiche Einsicht zu erlangen und
das göttliche Geheimnis zu erkennen, das Christus ist. 3 In ihm sind alle
Schätze der Weisheit und Erkenntnis verborgen. 4 Das sage ich, damit euch
niemand durch Überredungskünste täuscht. 5 Auch wenn ich fern von euch
weile, bin ich im Geist bei euch. Mit Freude sehe ich, wie fest und geordnet
euer Glaube an Christus ist. 6 Ihr habt Christus Jesus als Herrn angenommen.
Darum lebt auch in ihm! 7 Bleibt in ihm verwurzelt und auf ihn gegründet,
und haltet an dem Glauben fest, in dem ihr unterrichtet wurdet. Hört nicht
auf zu danken!

8 Gebt acht, daß euch niemand mit seiner Philosophie und falschen Lehre
verführt, die sich nur auf menschliche Überlieferung stützen und sich auf die
Elementarmächte der Welt, nicht auf Christus berufen. 9 Denn in ihm allein
wohnt wirklich die ganze Fülle Gottes. 10 Durch ihn seid auch ihr davon er-
füllt; denn er ist das Haupt aller Mächte und Gewalten. 11 In ihm habt ihr ei-
ne Beschneidung empfangen, die man nicht mit Händen vornimmt, nämlich
die Beschneidung, die Christus gegeben hat. Wer sie empfängt, sagt sich los
von seinem vergänglichen Körper. 12 Mit Christus wurdet ihr in der Taufe
begraben, mit ihm auch auferweckt, durch den Glauben an die Kraft Gottes,
der ihn von den Toten auferweckt hat. 13 Ihr wart tot infolge eurer Sünden,
und euer Leib war unbeschnitten; Gott aber hat euch mit Christus zusam-
men lebendig gemacht und uns alle Sünden vergeben. 14 Er hat den Schuld-
schein, der gegen uns sprach, durchgestrichen und seine Forderungen, die
uns anklagten, aufgehoben. Er hat ihn dadurch getilgt, daß er ihn an das
Kreuz geheftet hat. 15 Die Fürsten und Gewalten hat er entwaffnet und öf-
fentlich zur Schau gestellt; durch Christus hat er über sie triumphiert.

16 Darum soll euch niemand verurteilen wegen Speise und Trank oder
wegen eines Festes, ob Neumond oder Sabbat. 17 Das alles ist nur ein Schat-
ten von dem, was kommen wird, die Wirklichkeit aber ist Christus. 18 Nie-
mand soll euch verachten, der sich in scheinbarer Demut auf die Verehrung
beruft, die er den Engeln erweist, der mit Visionen prahlt und sich ohne
Grund nach weltlicher Art wichtig macht. 19 Er hält sich nicht an das Haupt,
von dem aus der ganze Leib durch Gelenke und Bänder versorgt und zusam-
mengehalten wird und durch Gottes Wirken wächst.

Kolosser 2,1 – 19 (Einheitsübersetzung)

5. Die religiöse Antenne

- Lesen Sie Apostelgeschichte 17,16—34.
- Wie war die anfängliche Reaktion der griechischen Philosophen auf Paulus? Welche Reaktion folgte seiner Rede auf dem Areopag?
- Beschreiben Sie in eigenen Worten die Athener Gesellschaft, wie sie in diesem Abschnitt gezeigt wird. Wo ist unsere heutige Gesellschaft ihr ähnlich?
- Welche Hinweise auf geistliche Bedürfnisse entdeckte Paulus bei den Athenern?
- Fassen Sie Paulus' Botschaft zusammen. Welche Grundsätze finden wir in seiner Rede an die Athener?
- Überlegen Sie, wie Sie das Interesse eines Menschen für Transzendentale Meditation dazu benutzen können, ihm von Christus zu erzählen. Wenden Sie die Grundsätze an, die Paulus benutzt hat, und schreiben Sie auf, wie Sie diesen Menschen ansprechen könnten.
- Es gab drei verschiedene Reaktionen auf die Botschaft des Paulus. Wie sahen sie aus und wie ging Paulus mit jeder einzelnen um?
- Was sollten wir tun, wenn die Leute auf unsere Versuche, ihnen bei geistlichen Bedürfnissen zu helfen, nicht positiv reagieren?

16 Während Paulus in Athen auf sie wartete, erfaßte ihn heftiger Zorn; denn
er sah die Stadt voll von Götzenbildern. 17 Er redete in der Synagoge mit den
Juden und Gottesfürchtigen, und auf dem Markt sprach er täglich mit denen,
die er gerade antraf. 18 Einige von den epikureischen und stoischen Philoso-
phen diskutierten mit ihm, und manche sagten: Was will denn dieser
Schwätzer? Andere aber: Es scheint ein Verkünder fremder Gottheiten zu
sein. Er verkündete nämlich das Evangelium von Jesus und von der Auferste-
hung. 19 Sie nahmen ihn mit, führten ihn zum Areopag und fragten: Können
wir erfahren, was das für eine neue Lehre ist, die du vorträgst? 20 Du bringst
uns recht befremdliche Dinge zu Gehör. Wir wüßten gern, worum es sich
handelt. 21 Alle Athener und die Fremden dort taten nichts lieber, als die
letzten Neuigkeiten zu erzählen oder zu hören.

22 Da stellte sich Paulus in die Mitte des Areopags und sagte: Athener,
nach allem, was ich sehe, seid ihr besonders fromme Menschen. 23 Denn als
ich umherging und mir eure Heiligtümer ansah, fand ich auch einen Altar
mit der Aufschrift: EINEM UNBEKANNTEN GOTT. Was ihr verehrt, ohne
es zu kennen, das verkünde ich euch. 24 Gott, der die Welt erschaffen hat
und alles in ihr, er, der Herr über Himmel und Erde, wohnt nicht in Tempeln,
die von Menschenhand gemacht sind. 25 Er läßt sich auch nicht von Men-
schen bedienen, als brauche er etwas: er, der allen das Leben, den Atem und
alles gibt. 26 Er hat aus einem einzigen Menschen das ganze Menschenge-
schlecht erschaffen, damit es die ganze Erde bewohne. Er hat für sie be-
stimmte Zeiten und die Grenzen ihrer Wohnsitze festgesetzt. 27 Sie sollten
Gott suchen, ob sie ihn ertasten und finden könnten; denn keinem von uns
ist er fern. 28 Denn in ihm leben wir, bewegen wir uns und sind wir, wie auch
einige von euren Dichtern gesagt haben: Wir sind von seiner Art. 29 Da wir
also von Gottes Art sind, dürfen wir nicht meinen, das Göttliche sei wie ein
goldenes oder silbernes oder steinernes Gebilde menschlicher Kunst und Erf-
indung. 30 Gott, der über die Zeiten der Unwissenheit hinweggesehen hat,
läßt jetzt den Menschen verkünden, daß überall alle umkehren sollen.
31 Denn er hat einen Tag festgesetzt, an dem er den Erdkreis in Gerechtig-
keit richten wird, durch einen Mann, den er dazu bestimmt und vor allen
Menschen dadurch ausgewiesen hat, daß er ihn von den Toten auferweckte.

32 Als sie von der Auferstehung der Toten hörten, spotteten die einen, an-
dere aber sagten: Darüber wollen wir dich ein andermal hören. 33 So ging
Paulus aus ihrer Mitte weg. 34 Einige Männer aber schlossen sich ihm an und
wurden gläubig, unter ihnen auch Dionysius, der Areopagit, außerdem eine
Frau namens Damaris und noch andere mit ihnen.

Apostelgeschichte 17,16–34 (Einheitsübersetzung)

6. Ein Sterbender betet zu Gott

- Lesen Sie Jesaja 38,1—5 und 9—20.
- Wie hat Hiskia anfangs reagiert, als Jesaja sagte, daß er sterben würde? Wie betete er?
- Wie antwortete Gott?
- Wie erklären Sie sich die Tatsache, daß Gottes Antwort nicht exakt auf Hiskias Gebet abgestimmt war?
- Beachten Sie, daß Hiskia nur im Rückblick seine Angst so fließend beschreiben konnte. Welche geistlichen Bedürfnisse hätten Sie bei ihm entdeckt, als er krank war? Wie würden Sie versuchen, ihm in diesen Bedürfnissen zu helfen?
- Worum sorgt sich Hiskia als ein sterbender Mann zuerst?
- Wenn Sie davon ausgehen, daß die Besorgnisse Hiskias recht allgemein bei Sterbenden anzutreffen sind — was würde dann am meisten helfen?

1 In jenen Tagen wurde Hiskia todkrank; und der Prophet Jesaja, der Sohn
des Amoz, kam zu ihm und sprach: So spricht der Herr: Bestelle dein Haus;
denn du mußt sterben und wirst nicht genesen. 2 Da kehrte Hiskia sein An-
gesicht gegen die Wand, und er betete zum Herrn 3 und sprach: Ach Herr,
gedenke doch, daß ich mit Treue und ungeteiltem Herzen vor dir gewandelt
bin und getan habe, was dir wohlgefällt. Und Hiskia weinte laut. 4 Da erging
das Wort des Herrn an Jesaja: 5 Gehe hin und sage Hiskia: So spricht der
Herr, der Gott deines Vaters David: Ich habe dein Gebet gehört und deine
Tränen gesehen. So will ich denn noch fünfzehn Jahre zu deinem Leben
hinzutun.

9 Ein Schriftstück Hiskias, des Königs von Juda, als er krank war und
von seiner Krankheit wieder genas:
10 Ich sprach: Im Mittag meines Lebens muß ich dahingehen, zu den
Toren des Totenreichs bin ich entboten für den Rest meiner Jahre. 11 Ich
sprach: Ich werde den Herrn nicht mehr sehen im Lande der Lebenden,
keinen Menschen mehr schauen bei den Bewohnern der Welt. 12 Meine
Hütte ist abgebrochen und fortgewandert von mir wie ein Hirtenzelt. Aus-
gewoben habe ich mein Leben wie ein Weber, vom Gestell schneidet er
mich. Tag und Nacht gabst du mich preis, 13 bis zum Morgen schrie ich
um Hilfe; wie ein Löwe, so zerbrach es alle meine Gebeine. 14 Wie eine
Schwalbe, so zwitscherte ich, girrte wie ein Taube. Meine Augen tränten
zur Höhe: Ach Herr, Gewalt geschieht mir, tritt für mich ein. 15 Was sollte
ich reden und zu ihm sagen, da er es getan? Verscheuchen mußte ich all
meinen Schlaf ob der Betrübnis meiner Seele. 16 Herr, darum harrt auf
dich mein Herz; erquicke meinen Geist und laß mich genesen, laß mich
gesunden! 17 Fürwahr, zum Heil ward mir die Bitternis, und du hast mei-
ne Seele bewahrt vor der Grube der Vernichtung; denn du hast hinter
dich geworfen alle meine Sünden. 18 Denn nicht lobt dich die Unterwelt,
der Tod preist dich nicht; die zur Grube hinunterfahren, harren nicht auf
deine Treue. 19 Der Lebende, nur der Lebende, der lobt dich, wie ich es
heute tue. Der Vater gibt den Söhnen Kunde von deiner Treue. 20 O Herr,
errette uns! So wollen wir die Saiten rühren alle Tage unseres Lebens
beim Hause des Herrn!

Jesaja 38,1–5.9–20 (Zürcher Bibel)

7. Gruppengespräch

● Rufen Sie sich die Personen ins Gedächtnis zurück, an die Sie in der ersten Bibelarbeit gedacht haben, Personen, denen die Christen helfen sollen.

● Denken Sie an die Leute, mit denen Sie die meiste Zeit verbringen. Trifft auf irgend jemanden die Beschreibung von Jesaja 61,1—3 zu? Wie können Sie ihm helfen?

● Wenn Sie finden, daß die meisten Ihrer Bekannten keine »bedürftigen« Leute sind, wo sollten Sie sich dann umsehen, um Menschen zu finden, die Ihre Hilfe brauchen? Sind da Leute um Sie herum, die übersehen, ausgelacht oder ausgeschlossen werden? Gibt es irgendwelche christlichen Initiativen, die in Pflegeheimen, Krankenhäusern, Gefängnissen oder in Gebieten mit besonders großen sozialen Problemen arbeiten und an denen Sie sich beteiligen können?

● Wie kann das Evangelium heute auf Leute angewandt werden, die in Jesaja 61,1—3 beschrieben werden?

● Wie kann das Verhalten dieser Menschen Anhaltspunkte für ihren geistlichen Hunger geben?

● Stellen Sie einige Situationen dar, wie sie unten beschrieben sind. Einer spielt die Person, die in eine Krise gekommen ist und seelsorgerliche Hilfe braucht. Mehrere andere können die Rolle der Helfer spielen. (Versuchen Sie ihm das Evangelium an der Stelle nahezubringen, an der er es braucht.) Gehen Sie nach jeder Szene das Gespräch noch einmal durch. Wie gut haben die Helfer die Schwierigkeiten gesehen und sind darauf eingegangen? Wie haben sich die Helfer bei ihrem Gespräch gefühlt? Wie die Person, die Hilfe brauchte?

— Ein Freund ist gerade in der Schule sitzengeblieben.
— Ein unverheiratetes Mädchen hat gerade entdeckt, daß sie schwanger ist.
— Einem Sportler wird von seinem Arzt eröffnet, daß er durch eine Verletzung nie wieder Sport treiben kann.
— Ihr Bruder hat gerade seine Verlobung aufgelöst.
— Der Vater Ihrer besten Freundin ist entlassen worden.
— Eine Freundin hat gerade herausgefunden, daß sie Krebs hat.

II. Was bedeutet Menschlichkeit?

Unsere Vorstellung über das Wesen des Menschen bestimmt auch die Art, wie wir mit Menschen umgehen. Die Bibel sagt uns, daß wir von Gott geschaffen sind, um in Gemeinschaft mit ihm selbst zu leben. Ich glaube, daß er uns nach seinem Bild geschaffen hat und uns Verantwortung für die Welt gegeben hat. Ich glaube, daß Gott unser Leben prägt. Die folgenden Bibeltexte sollen Ihnen helfen, über diesen Glauben nachzudenken und herauszufinden, wie er die Sorge für andere beeinflussen könnte.

1. Nach dem Bild Gottes geschaffen

- Lesen Sie 1. Mose 1,26—28; 2,7—9 und 15—25.
- Unterstreichen Sie Gottes Vorsorge für Menschen rot, die Verantwortung des Menschen blau.
- Wie unterscheidet sich die Erschaffung von Mann und Frau von der der Tiere?
- Dieser Abschnitt beschreibt die Vorsorge Gottes für die Menschen. Nennen Sie einige Grundbedürfnisse der ersten Menschen.
- Für welches Ziel erschuf Gott den Menschen?
- Beschreiben Sie die Beziehung zwischen Gott und den Menschen in diesem Abschnitt.
- Worin besteht der Zusammenhang zwischen »geschaffen nach dem Ebenbild Gottes« und »über die Erde herrschen«?
- Was beinhaltet herrschen?
- Was können wir über Gott lernen beim Anblick seines Bildes im anderen Menschen?
- Wer sind Sie, wenn man diesen Abschnitt zugrunde legt?

26 Und Gott sprach: Lasset uns Menschen machen nach unserm Bilde, uns
ähnlich; die sollen herrschen über die Fische im Meer und die Vögel des Him-
mels, über das Vieh und alles Wild des Feldes und über alles Kriechende, das
auf der Erde sich regt. 27 Und Gott schuf den Menschen nach seinem Bilde,
nach dem Bilde Gottes schuf er ihn; als Mann und Weib schuf er sie. 28 Und
Gott segnete sie und sprach zu ihnen: Seid fruchtbar und mehret euch und
füllet die Erde und machet sie euch untertan, und herrschet über die Fische
im Meer und die Vögel des Himmels, über das Vieh und alle Tiere, die auf der
Erde sich regen!

7 Da bildete Gott der Herr den Menschen aus Erde vom Ackerboden und
hauchte ihm Lebensodem in die Nase; so ward der Mensch ein lebendes
Wesen.

8 Dann pflanzte Gott der Herr einen Garten in Eden gegen Osten und
setzte den Menschen darein, den er gebildet hatte. 9 Und Gott der Herr ließ
allerlei Bäume aus der Erde wachsen, lieblich anzusehen und gut zu essen,
und den Baum des Lebens mitten im Garten, und den Baum der Erkenntnis
des Guten und des Bösen.

15 Und Gott der Herr nahm den Menschen und setzte ihn in den Garten
Eden, daß er ihn bebaue und bewahre.

16 Und Gott der Herr gebot dem Menschen und sprach: Von allen Bäu-
men im Garten darfst du essen; 17 nur von dem Baume der Erkenntnis des
Guten und des Bösen, von dem darfst du nicht essen; denn sobald du davon
issest, mußt du sterben.

18 Und Gott der Herr sprach: Es ist nicht gut, daß der Mensch allein sei. Ich
will ihm eine Hilfe schaffen, die zu ihm paßt. 19 Da bildete Gott der Herr aus
Erde alle Tiere des Feldes und alle Vögel des Himmels und brachte sie zum
Menschen, um zu sehen, wie er sie nennen würde; und ganz wie der Mensch
sie nennen würde, so sollten sie heißen. 20 Und der Mensch gab allem Vieh
und allen Vögeln des Himmels und allen Tieren des Feldes Namen; aber für
den Menschen fand er keine Hilfe, die zu ihm paßte. 21 Da ließ Gott der Herr
einen Tiefschlaf auf den Menschen fallen, so daß er einschlief. Und er nahm
eine von seinen Rippen heraus und schloß die Stelle zu mit Fleisch. 22 Und
Gott der Herr baute ein Weib aus der Rippe, die er vom Menschen genom-
men hatte, und führte sie dem Menschen zu. 23 Da sprach der Mensch; »Die-
se ist nun endlich Gebein von meinem Gebein und Fleisch von meinem Flei-
sche. Die soll Männin heißen: denn vom Mann ist sie genommen.« 24 Darum
verläßt der Mann Vater und Mutter und hängt seinem Weibe an, und sie
werden *ein* Leib. 25 Und die beiden, der Mensch und sein Weib, waren nackt
und schämten sich nicht.

1. Mose 1,26–28; 2,7–9.15–25 (Zürcher Bibel)

2. Trennung von Gott

- Lesen Sie 1. Mose 3,1—20.
- Vergleichen Sie die Aussagen Gottes und der Schlange darüber, was geschehen würde, wenn Mann und Frau vom Baum der Erkenntnis des Guten und des Bösen essen. In welcher Weise wurden beide Prophezeiungen wahr? Was war falsch an der Vorhersage der Schlange?
- Was war das Argument für die Frau, daß sie schließlich doch die Frucht aß? Welche moralischen Fragen werden in unserer Gesellschaft mit ähnlichen Argumenten entschieden? In welchen Punkten wird ein Verhalten, das gegen Gottes Gebote verstößt, gesellschaftlich anerkannt oder sogar attraktiv gemacht? Warum reichen menschliche Begründungen allein nicht aus, um eine ethische Entscheidung zu fällen?
- Als erstes Resultat nach dem Essen der verbotenen Frucht erschraken Mann und Frau darüber, daß sie voreinander und vor Gott nackt waren. Was zeigt dies über die Änderung ihres Selbstverständnisses?
- Wie beeinflußte ihre Schuld ihre Verbindung mit Gott? Wie ihre Verbindung untereinander?
- Wie änderte Gott ihren Lebensstil?
- Auf welche Weise blieben ihre Verantwortung, Beziehungen und Ziele die gleichen?
- Was, glauben Sie, bedeutet es, daß Gott Adam und Eva Röcke aus Fellen machte?
- Wenn ein Christ Sie fragt: »Warum beten Sie mit Ruth? Sie ist kein Christ. Sie wissen, Gott hat ein taubes Ohr für Ungläubige!«, wie würden Sie auf Grund dieses Abschnittes reagieren?

1 Die Schlange aber war listiger als alle Tiere des Feldes, die Gott der Herr
gemacht hatte, und sie sprach zum Weibe: Gott hat wohl gar gesagt: »Ihr
dürft von keinem Baume des Gartens essen!« 2 Da sprach das Weib zur
Schlange: Wir dürfen essen von den Früchten der Bäume im Garten; 3 nur
von den Früchten des Baumes mitten im Garten hat Gott gesagt: »Esset nicht
davon; rührt sie auch nicht an, daß ihr nicht sterbet!« 4 Da sprach die Schlan-
ge zum Weibe: Mitnichten werdet ihr sterben; 5 sondern Gott weiß, daß so-
bald ihr davon esset, euch die Augen aufgehen werden und ihr wie Gott sein
und wissen werdet, was gut und böse ist. 6 Und das Weib sah, daß von dem
Baume gut zu essen wäre und daß er lieblich anzusehen sei und begehrens-
wert, weil er klug machte, und sie nahm von seiner Frucht und aß und gab
auch ihrem Manne neben ihr, und er aß. 7 Da gingen den beiden die Augen
auf, und sie wurden gewahr, daß sie nackt waren; und sie hefteten Feigen-
blätter zusammen und machten sich Schurze.

8 Als sie nun hörten, wie Gott der Herr in der Abendkühle im Garten wan-
delte, verbarg sich der Mensch mit seinem Weibe vor dem Angesichte Got-
tes des Herrn unter den Bäumen im Garten. 9 Und Gott der Herr rief dem
Menschen und sprach zu ihm: Wo bist du? 10 Er sprach: Ich hörte dich im
Garten; da fürchtete ich mich, weil ich nackt bin, und verbarg mich. 11 Und
er sprach: Wer hat dir gesagt, daß du nackt bist? Hast du etwa von dem Bau-
me gegessen, von dem ich dir zu essen verboten habe? 12 Der Mensch sprach:
Das Weib, das du mir zugesellt hast, das hat mir von dem Baume gegeben; da
habe ich gegessen. 13 Da sprach Gott der Herr zum Weibe: Was hast du da
getan? Das Weib antwortete: Die Schlange hat mich verführt; da habe ich ge-
gessen. 14 Da sprach Gott der Herr zur Schlange: Weil du das getan, bist du
verflucht vor allem Vieh und vor allen Tieren des Feldes. Auf deinem Bauche
sollst du kriechen und Staub fressen dein Leben lang. 15 Und ich will Feind-
schaft setzen zwischen dir und dem Weibe und zwischen deinem Nachwuchs
und ihrem Nachwuchs: er wird dir nach dem Kopfe treten, und du wirst ihm
nach der Ferse schnappen. 16 Und zum Weibe sprach er: Ich will dir viel Be-
schwerden machen in deiner Schwangerschaft; mit Schmerzen sollst du Kin-
der gebären! Nach deinem Manne wirst du verlangen; er aber soll dein Herr
sein! 17 Und zum Menschen sprach er: Weil du auf deines Weibes Stimme
gehört und von dem Baume gegessen hast, von dem ich dir gebot: du sollst
nicht davon essen, so ist um deinetwillen der Erdboden verflucht. Mit Müh-
sal sollst du dich von ihm nähren dein Leben lang. 18 Dornen und Disteln soll
er dir tragen, und das Kraut des Feldes sollst du essen. 19 Im Schweiße deines
Angesichtes sollst du dein Brot essen, bis du wieder zur Erde kehrst, von der
du genommen bist; denn Erde bist du, und zur Erde mußt du zurück. 20 Und
der Mensch nannte sein Weib Eva; denn sie wurde die Mutter aller Leben-
den.

1. Mose 3,1–20 (Zürcher Bibel)

3. Bei Gott bekannt

- Lesen Sie Psalm 139.
- Der Betende beschreibt hier die Bereiche in seinem Leben, wo Gott bei ihm ist. Welche Bereiche sind es? Wie hat der Psalmist dies über Gott erkannt?
- An einem Punkt scheint der Psalmist von Gott weglaufen zu wollen. Haben Sie das auch schon einmal gewollt? Warum? Zu welchem Ergebnis kam der Psalmist, als er von Gott weglaufen wollte (Vers 7—12)?
- Schließen Sie Ihre Augen und denken Sie an Dunkelheit und Licht. Welchen Unterschied macht es, daß bei Gott »die Nacht leuchtet wie der Tag«?
- Beachten Sie die verschiedenen Zeitformen in Vers 13—18. Welche Zeitspanne ist gemeint? Wie war Gott aktiv in der Vergangenheit des Betenden? Was bedeutet für Sie die Gewißheit, daß Gott Ihre Vergangenheit, einschließlich des Negativen, in Händen hält?
- Wie beschreibt der Psalmist die Gottlosen? Stellen Sie ihre Einstellung zu Gott der seinen gegenüber, die er in den letzten Versen ausdrückt.
- Machen Sie eine Aufstellung von den Eigenschaften und Taten Gottes, die in diesem Psalm beschrieben werden. Schreiben Sie jeweils daneben, wie der Psalmist von dieser Erkenntnis beeinflußt wurde. Welcher Fortschritt ist in seinem Selbstverständnis zu beobachten? Welche Faktoren beeinflussen diese Veränderung?
- Wie sehen Sie sich selbst, wenn Sie dieses Wissen über Gott auf sich wirken lassen? Bedarf irgend etwas einer Veränderung? Gibt es Dinge, für die Sie anfangen sollten, Gott zu preisen?

1 Ein Psalm Davids.
Herr, du erforschest mich
und kennest mich.
2 Ich sitze oder stehe, du weißt es;
du verstehst meine Gedanken von ferne.
3 Ich gehe oder liege, du ermissest es,
mit all meinen Wegen bist du vertraut.
4 Ja, es ist kein Wort, auf meiner Zunge,
das du, o Herr, nicht wüßtest.
5 Du hältst mich hinten und vorn umschlossen,
hast deine Hand auf mich gelegt.

6 Zu wunderbar ist es für mich und unbegreiflich,
zu hoch, daß ich es faßte.
7 Wohin soll ich gehen vor deinem Geiste?
Wohin soll ich fliehen vor deinem Angesicht?
8 Stiege ich hinauf in den Himmel, so bist du dort;
schlüge ich mein Lager in der Unterwelt auf – auch da bist du.
9 Nähme ich Flügel der Morgenröte
und ließe mich nieder zuäußerst am Meer,
10 so würde auch dort deine Hand mich greifen
und deine Rechte mich fassen.
11 Und spräche ich: Lauter Finsternis soll mich bedecken,
und Nacht sei das Licht um mich her,
12 so wäre auch die Finsternis nicht finster für dich,
die Nacht würde leuchten wie der Tag.
13 Denn du hast meine Nieren geschaffen,
hast mich gewoben im Mutterschoß.
14 Ich danke dir, daß ich so herrlich bereitet bin, so wunderbar;
wunderbar sind deine Werke.
Meine Seele kanntest du wohl,
15 mein Gebein war dir nicht verborgen,
da ich im Dunkeln gebildet ward, kunstvoll gewirkt im Erdentiefen.
16 Deine Augen sahen all meine Tage,
in deinem Buche standen sie alle;
sie wurden geschrieben, wurden gebildet,
als noch keiner von ihnen da war.
17 Mir aber, wie schwer, sind mir deine Gedanken,
o Gott, wie gewaltig ist ihre Zahl!
18 Wollte ich sie zählen, ihrer wären mehr als der Sand;
wenn ich aufwache, ist mein Sinn noch bei dir.
19 Ach wolltest du, Gott, den Frevler doch töten!
Daß doch die Blutmenschen von mir wichen,
20 die freventlich dir widerstreben
und deinen Namen mißbrauchen!
21 Sollte ich nicht hassen, o Herr, die dich hassen,
nicht verabscheuen, die sich wider dich auflehnen?
22 Ich hasse sie mit vollkommenem Hasse,
als Feinde gelten sie mir.
23 Erforsche mich, Gott, und erkenne mein Herz;
prüfe mich und erkenne meine Gedanken!
24 Sieh, ob ich auf dem Wege zur Pein bin,
und leite mich auf ewigem Wege! Psalm 139 (Zürcher Bibel)

4. Den Menschen ganz sehen

● Lesen Sie Psalm 32.
— Unterstreichen Sie geistliche Nöte und Handlungen grün.
— Unterstreichen Sie körperliche Symptome rot.
— Unterstreichen Sie Gefühlsausdrücke blau.
— Bezeichnen Sie sie am Rand (Freude, Angst, Depression usw.).

● Was passiert mit Ihnen körperlich und gefühlsmäßig, wenn Sie etwas Unrechtes getan haben?

● Welche Stufen zur Vergebung und Heilung zeigt der Psalmist?

● Was beinhaltet »mit Güte umgeben« (Vers 10), wie es dieser Abschnitt darstellt? Wie befähigt Gottes Güte eine Person, Leiden zu ertragen?

● Warum tritt der Psalmist so für Freude ein? Zählen Sie auf, was er über Gottes Taten sagt. Welche Wirkung hat Freude auf seinen Körper, seine Gefühle und Gedanken und seine Beziehungen zu anderen Menschen?

● Jeder Mensch mit seinem Körper, seinen Gedanken und Gefühlen, seinen Beziehungen zu anderen Menschen und zu Gott ist dazu geschaffen, in Harmonie zu leben — mit Gott, mit sich selbst und mit seiner Umgebung. Wie bestätigt Psalm 32 diese Definition?

1 Von David.
Wohl dem, dessen Übertretung vergeben
und dessen Sünde bedeckt ist!
2 Wohl dem Manne, dem der Herr die Schuld nicht anrechnet
und in dessen Herzen kein Falsch ist!
3 Da ich's verschwieg, zerfiel mein Gebein
ob meines unablässigen Stöhnens;
4 denn Tag und Nacht lag deine Hand schwer auf mir,
vertrocknet war mein Lebenssaft
wie durch Gluten des Sommers.
5 Da bekannte ich dir meine Sünde,
und meine Schuld verbarg ich nicht.
Ich sprach: »Bekennen will ich dem Herrn meine Übertretung«;
du aber vergabst mir die Schuld meiner Sünde.
6 Darum soll zu dir beten
jeder Fromme zur Zeit der Drangsal;
wenn große Wasser einherfluten –
ihn werden sie nicht erreichen.
7 Du bist mir Schirm, bewahrst vor Not mich,
umgibst mich mit Rettung.
8 »Ich will dich unterweisen und dir zeigen
den Weg, den du wandeln sollst,
will mein Auge auf dich richten.
9 Sei nicht wie das Roß und das Maultier,
die keinen Verstand haben;
mit Zaum und Zügel muß man bändigen ihr Ungestüm,
sonst nahen sie nicht zur dir.«
10 Der Gottlose hat viel Plage,
wer aber auf den Herrn vertraut,
den umgibt er mit Güte.
11 Freut euch des Herrn und frohlockt, ihr Gerechten,
und jauchzet alle, die ihr aufrichtigen Herzens seid!

Psalm 32 (Zürcher Bibel)

5. Von Gott geliebt und gestaltet

- Lesen Sie Jesaja 43,1—13.
  - Kreisen Sie alle Namen Gottes rot ein.
  - Unterstreichen Sie alle Wörter rot, die Gottes Aktivität beschreiben.
  - Kreisen Sie alle Aussagen über Gottes Volk blau ein.
  - Unterstreichen Sie alle Aktivitäten blau, die Verantwortung und Zustand des Volkes Gottes beschreiben.

Beschreiben Sie Gottes Beziehung zu seinem Volk. Was hat er für sein Volk getan?

- Welche Funktion hat Gottes Volk in dieser Welt zu erfüllen?
- Dieses Kapitel wurde wahrscheinlich während der babylonischen Gefangenschaft geschrieben. Auf welcher Basis sagt Jesaja ihnen: »Fürchte dich nicht«? Was verheißt er ihnen?
- Wie könnten Sie diesen Abschnitt benutzen, um jemanden, der leidet, Trost und Hoffnung zu bringen? Nehmen Sie den Abschnitt als Grundlage und denken Sie über die Einzelheiten dessen nach, was Gott für sein Volk tut. Wie könnte man das bei den Menschen anwenden (und vergessen Sie sich selbst nicht), die in ihrer augenblicklichen Situation unfähig sind, zu hoffen?

1 Nun aber spricht der Herr, der dich geschaffen hat, Jakob, der dich gebildet
hat, Israel: Fürchte dich nicht, denn ich erlöse dich; ich rufe dich bei deinem
Namen, mein bist du! 2 Wenn du durch Wasser gehst – ich bin mit dir, wenn
durch Ströme – sie werden dich nicht überfluten. Wenn du durch Feuer
schreitest, wirst du dich nicht brennen und die Flamme wird dich nicht ver-
sengen. 3 Denn ich, der Herr, bin dein Gott, ich, der Heilige Israels, dein Ret-
ter. Ich gebe Ägypten als Lösegeld für dich. Äthiopien und Saba an deiner
Statt. 4 Dieweil du teuer bist in meinen Augen, wertgeachtet, und ich dich
liebhabe, gebe ich Länder für dich hin und Völker für dein Leben. 5 Fürchte
dich nicht, denn ich bin mit dir! Vom Aufgang will ich deine Kinder heim-
führen und vom Niedergang her dich sammeln, 6 will zum Norden sprechen:
»Gib her!« und zum Süden: »Halte nicht zurück! Bringe heim meine Söhne
aus der Ferne und meine Töchter von den Enden der Erde, 7 sie alle, die mei-
nen Namen tragen und die ich zu meiner Ehre geschaffen und gebildet habe.«

8 Man führe es vor, das blinde Volk, das doch Augen hat, und die Tauben,
die doch Ohren haben. 9 Alle Völker mögen sich versammeln und zusam-
menkommen die Nationen! Wer unter ihnen verkündet solches? Das Frü-
here möge er uns hören lassen! Sie mögen ihre Zeugen stellen, daß sie Recht
behalten; die sollen hören und sagen: Es ist wahr. 10 Ihr seid meine Zeugen,
spricht der Herr, und mein Knecht, den ich erwählt habe, damit sie zur Ein-
sicht kommen und an mich glauben und erkennen, daß *ich* es bin. Vor mir ist
kein Gott gewesen, und nach mir wird keiner sein. 11 *Ich, ich* bin der Herr,
und außer mir ist kein Helfer. 12 *Ich* habe Heil verkündet und es geschaffen,
habe es hören lassen; kein fremder [Gott] war unter euch. Und ihr seid meine
Zeugen, spricht der Herr, und ich bin Gott. 13 Auch hinfort bin ich derselbe,
und niemand rettet aus meiner Hand. Ich tue es – wer will es wenden?

Jesaja 43,1 – 13 (Zürcher Bibel)

6. Durch Gott erlöst

● Lesen Sie Römer 1.

— Kreisen Sie alle Wörter oder Sätze, die sich öfters wiederholen, farbig ein.

— Unterstreichen Sie die Schlüsselverse in dem Kapitel.

● Wie stellt sich Paulus den Römern vor? Auf welche Weise bestimmt seine Beziehung zu Gott seine Autorität und Identität?

● Vergleichen Sie Paulus' Beschreibung über sich selbst mit der Art, wie Sie sich einer Gruppe von Ihnen fremden Personen vorstellen würden.

● Welche Gründe gibt Paulus für sein Verlangen an, die Römer zu sehen?

● Was ist die frohe Botschaft nach diesem Abschnitt?

● Welche Ursünde ruft Gottes Zorn hervor? Wie bestraft Gott diejenigen, die ihm ungehorsam sind?

● Wie beeinflußt diese Ursünde einen Menschen in bezug auf:

— sein Selbstverständnis und Persönlichkeitsempfinden?

— seine Beziehungen zu anderen Menschen?

— seine Erkenntnisfähigkeit?

— sein Verhältnis zum Leben?

● Vergleichen Sie die Antworten auf die vorige Frage mit dem, was Paulus in diesem Kapitel über sich selbst schreibt:

— sein Selbstverständnis,

— seine Beziehungen zu anderen Menschen,

— seine Erkenntnisfähigkeit,

— sein Verhältnis zum Leben.

● Welche Veränderungen hat das Evangelium in Ihrem Leben bisher bewirkt?

1 Paulus, ein Knecht, Jesu Christi, berufen zum Apostel, ausgesondert, zu
predigen das Evangelium Gottes, 2 welches er zuvor verheißen hat durch sei-
ne Propheten in der heiligen Schrift, 3 von seinem Sohn Jesus Christus, uns-
rem Herrn, der geboren ist aus dem Geschlecht Davids nach dem Fleisch, 4
und nach dem Geist, der da heiligt, eingesetzt ist als Sohn Gottes in Kraft
durch die Auferstehung von den Toten. 5 Durch ihn haben wir empfangen
Gnade und Apostelamt, in seinem Namen den Gehorsam des Glaubens auf-
zurichten unter allen Heiden, 6 zu denen auch ihr gehört, berufen von Jesus
Christus, 7 allen Geliebten Gottes und berufenen Heiligen zu Rom: Gnade

sei mit euch und Friede von Gott, unsrem Vater, und dem Herrn Jesus Chri-
stus! 8 Aufs erste danke ich meinem Gott durch Jesus Christus euer aller hal-
ben, daß man von eurem Glauben in aller Welt spricht.

9 Denn Gott ist mein Zeuge, welchem ich diene in meinem Geist am
Evangelium von seinem Sohn, daß ich ohne Unterlaß euer gedenke 10 und
allezeit in meinem Gebet flehe, ob sich's einmal zutragen wollte durch Got-
tes Willen, daß ich zu euch käme. 11 Denn mich verlangt, euch zu sehen, auf
daß ich euch mitteile etwas von geistlicher Gabe, euch zu stärken, 12 das
heißt, daß ich samt euch getröstet würde durch euren und meinen Glauben,
den wir miteinander haben. 13 Ich will euch aber nicht verschweigen, liebe
Brüder, daß ich mir oft habe vorgesetzt, zu euch zu kommen – bin aber ver-
hindert bisher –, damit ich auch unter euch Frucht schaffte gleichwie unter
andern Heiden. 14 Ich bin ein Schuldner der Griechen und der Nichtgrie-
chen, der Weisen und der Nichtweisen; 15 darum, soviel an mir ist, bin ich
wohl willens, auch euch zu Rom das Evangelium zu predigen.

16 Denn ich schäme mich des Evangeliums von Christus nicht; denn es ist
eine Kraft Gottes, die da selig macht alle, die daran glauben, die Juden vor-
nehmlich und auch die Griechen. 17 Denn darin wird offenbart die Gerech-
tigkeit, die vor Gott gilt, welche kommt aus Glauben in Glauben; wie denn
geschrieben steht: »Der Gerechte wird aus Glauben leben.«

18 Denn Gottes Zorn vom Himmel wird offenbart über alles gottlose We-
sen und Ungerechtigkeit der Menschen, die die Wahrheit in Ungerechtigkeit
gefangen halten. 19 Denn was man von Gott erkennen kann, ist unter ihnen
offenbar; Gott hat es ihnen offenbart. 20 Denn Gottes unsichtbares Wesen,
das ist seine ewige Kraft und Gottheit, wird ersehen seit der Schöpfung der
Welt und wahrgenommen an seinen Werken, so daß sie keine Entschuldi-
gung haben. 21 Sie wußten, daß ein Gott ist, und haben ihn nicht gepriesen
als einen Gott noch ihm gedankt, sondern haben ihre Gedanken dem Nichti-
gen zugewandt, und ihr unverständiges Herz ist verfinstert. 22 Da sie sich für
weise hielten, sind sie zu Narren geworden 23 und haben verwandelt die
Herrlichkeit des unvergänglichen Gottes in ein Bild gleich dem eines ver-
gänglichen Menschen und der Vögel und der vierfüßigen und der kriechen-
den Tiere. 24 Darum hat sie auch Gott dahingegeben in ihrer Herzen Gelü-
ste, in Unreinigkeit, zu schänden ihre eigenen Leiber an sich selbst, 25 sie, die
Gottes Wahrheit verwandelt haben in Lüge und haben geehrt und gedient
dem Geschöpf statt dem Schöpfer, der da gelobt ist in Ewigkeit. Amen.
26 Darum hat sie Gott auch dahingegeben in schändliche Lüste; denn ihre
Weiber haben verwandelt den natürlichen Umgang in den unnatürlichen;
27 desgleichen auch die Männer haben verlassen den natürlichen Umgang
mit dem Weibe und sind aneinander entbrannt in ihren Lüsten und haben
Mann mit Mann Schande getrieben und den Lohn ihrer Verirrung, wie es ja

sein mußte, an sich selbst empfangen. 28 Und gleichwie sie es für nichts geachtet haben, daß sie Gott erkannten, hat sie auch Gott dahingegeben in verworfenen Sinn, zu tun, was nicht taugt, 29 voll alles Unrechten, Schlechtigkeit, Habsucht, Bosheit, voll Neides, Mordes, Haders, List, Tücke; Ohrenbläser, 30 Verleumder, Gottesverächter, Frevler, hoffärtig, ruhmredig, auf Böses sinnend, den Eltern ungehorsam, 31 unvernünftig, treulos, lieblos, unbarmherzig. 32 Sie wissen, daß, die solches tun, nach Gottes Recht des Todes würdig sind; aber sie tun es nicht allein, sondern haben auch Gefallen an denen, die es tun.

Römer 1 (Luther Übersetzung)

7. Gruppengespräch

- Was bedeutet es für unsere Beziehung zu anderen Menschen, daß alle Menschen nach dem Bild Gottes geschaffen sind?
- Was bedeutet »herrschen« für Sie? Wie sieht das in Ihrem täglichen Leben aus?
- In welchen speziellen Dingen sehen Sie den Einfluß der Sünde in Ihrem eigenen Leben und in der Welt um Sie herum?
- Besprechen Sie die letzte Frage der Bibelarbeit über 1. Mose 3,1—20 (Seite 24). Wie haben Sie die Frage beantwortet? Auf welcher Grundlage?
- Was bedeutet es für Sie, daß Gott seit Ihrer Zeugung in Ihrem Leben aktiv ist, zum Beispiel für Ihr Selbstverständnis, Ihre Motivation, Sinn und Ziel Ihres Lebens, Einstellungen zu anderen Menschen usw.?

III. Geistliche Bedürfnisse erkennen

Der Mensch braucht Hilfe, um eine lebendige Beziehung zu Gott zu finden oder aufrechtzuerhalten. Geistliche Bedürfnisse zeigen sich in verschiedenen Bereichen. Der Mensch braucht Sinn und Ziel im Leben, er braucht Liebe und Beziehungen zu anderen, und er braucht Vergebung. Dies sind Beispiele; sie haben ihren Ursprung in dem Grundbedürfnis, mit Gott in Verbindung zu stehen. Alle Menschen haben geistliche Bedürfnisse, sowohl der Helfer als auch der Hilfesuchende, Christen und Nichtchristen. Gott braucht oft Menschen, um uns zu sich zu ziehen.

1. Das Verlangen nach Sinn und Ziel

● Was verleiht Ihrem Leben Sinn und Ziel?
● Lesen Sie 1. Petrus 1,1—16 und 22—25.
● Wie redet Petrus die Empfänger seines Briefes an? Auf welche Weise definiert seine Anrede Sinn und Ziel ihres Lebens?
● Was sagt dieser Abschnitt über die Bedeutung
— der Rettung (neues Leben),
— des Leidens,
— des Glaubens?
● Was bedeutet in diesem Abschnitt heiliges Leben?
● Beschreiben Sie den Zusammenhang zwischen dem Bewußtsein, daß mein Leben einen Sinn und ein Ziel hat, und dem Wunsch und der Fähigkeit, ein geheiligtes Leben zu führen.
● Am Ende des 1. Kapitels bestätigte Petrus den Gläubigen, an die er schreibt, daß sie schon wirkliche Liebe füreinander gezeigt haben. Er ermutigte sie: »Hört nicht auf, euch untereinander von Herzen zu lieben.« Was ist für diese Liebe wichtig (Vers 22)?
● Schätzen Sie prozentual, wie Sie Ihren Wachzustand verbringen (Arbeit, Spiel, Lernen, Essen u.a.m.). Wie drückt sich Sinn und Ziel Ihres Lebens in Ihrem Verhalten aus? Wo müssen Sie noch an sich arbeiten?

1 Petrus, Apostel Jesu Christi, an die Auserwählten, die als Fremde in Pontus, Galatien, Kappadozien, der Provinz Asien und Bithynien in der Zerstreuung leben, 2 von Gott, dem Vater, von jeher ausersehen und durch den Geist geheiligt, um Jesus Christus gehorsam zu sein und mit seinem Blut besprengt zu werden. Gnade sei mit euch und Friede in Fülle.

3 Gepriesen sei der Gott und Vater unseres Herrn Jesus Christus: Er hat
uns in seinem großen Erbarmen neu geboren, damit wir durch die Auferste-
hung Jesu Christi von den Toten eine lebendige Hoffnung haben 4 und das
unzerstörbare, makellose und unvergängliche Erbe empfangen, das im Him-
mel für euch aufbewahrt ist. 5 Gottes Macht behütet euch durch den Glau-
ben, damit ihr das Heil erlangt, das am Ende der Zeit offenbart werden soll.
6 Deshalb seid ihr voll Freude, obwohl ihr jetzt vielleicht kurze Zeit unter
mancherlei Prüfungen leiden müßt. 7 Dadurch soll sich euer Glaube bewäh-
ren, und es wird sich zeigen, daß er wertvoller ist als Gold, das im Feuer ge-
prüft wurde und doch vergänglich ist. So wird (eurem Glauben) Lob, Herr-
lichkeit und Ehre zuteil bei der Offenbarung Jesu Christi. 8 Ihn habt ihr nicht
gesehen, und dennoch liebt ihr ihn; ihr seht ihn auch jetzt nicht; aber ihr
glaubt an ihn und jubelt in unsagbarer, von himmlischer Herrlichkeit ver-
klärter Freude, 9 da ihr das Ziel des Glaubens erreichen werdet: euer Heil.
10 Nach diesem Heil haben die Propheten gesucht und geforscht, und sie ha-
ben über die Gnade geweissagt, die für euch bestimmt ist. 11 Sie haben nach-
geforscht, auf welche Zeit und welche Umstände der in ihnen wirkende Geist
Christi hindeute, der die Leiden Christi und die darauf folgende Herrlichkeit
im voraus bezeugt. 12 Den Propheten wurde offenbart, daß sie damit nicht
sich selbst, sondern euch dienten; und jetzt ist euch dies alles von denen ver-
kündet worden, die euch in der Kraft des vom Himmel gesandten Heiligen
Geistes das Evangelium gebracht haben. Das alles zu sehen ist sogar das Ver-
langen der Engel.

13 Deshalb umgürtet euch, und macht euch bereit! Seid nüchtern, und
setzt eure Hoffnung ganz auf die Gnade, die euch bei der Offenbarung Jesu
Christi geschenkt wird. 14 Seid gehorsame Kinder, und laßt euch nicht mehr
von euren Begierden treiben wie früher, in der Zeit eurer Unwissenheit. 15
Wie er, der euch berufen hat, heilig ist, so soll auch euer ganzes Leben heilig
werden. 16 Denn es heißt in der Schrift: Seid heilig, denn ich bin heilig.

22 Der Wahrheit gehorsam, habt ihr euer Herz rein gemacht für eine auf-
richtige Bruderliebe; darum hört nicht auf, einander von Herzen zu lieben.
23 Ihr seid neu geboren worden, nicht aus vergänglichem, sondern aus un-
vergänglichem Samen: aus Gottes Wort, das lebt und das bleibt. 24 Denn al-
les Sterbliche ist wie Gras, und all seine Schönheit ist wie die Blume im Gras.
Das Gras verdorrt, und die Blume verwelkt; 25 doch das Wort des Herrn
bleibt in Ewigkeit. Dieses Wort ist das Evangelium, das euch verkündet wor-
den ist.

1. Petrus 1,1–16.22–25 (Einheitsübersetzung)

2. Woher erhält das Leben Sinn und Ziel?

● Lesen Sie Psalm 8 und Prediger 1,1—15.
— Unterstreichen Sie alles, was sich auf die Menschen bezieht, rot.
— Unterstreichen Sie alles, was auf die Schöpfung Bezug nimmt, grün.
— Unterstreichen Sie alle Stellen, die auf Gott hinweisen, blau.
● Beschreiben Sie den Grundton in jedem Abschnitt (zum Beispiel sachlich, resignierend, staunend usw.).
● Was bezeichnen die Schreiber als die Aufgabe des Menschen?
● Wie ist in beiden Texten das Verhältnis der Menschheit zur Schöpfung? Was schreiben die Verfasser daraufhin über Sinn und Ziel des menschlichen Lebens?
● Beschreiben Sie, wie jeder Verfasser Gott sieht. Wie beeinflußt das Sinn und Ziel seines Lebens?
● Mit welchem Schreiber können Sie sich mehr identifizieren, mit dem Psalmisten oder mit dem Prediger? Erklären Sie das.
● Wie sorgt eine persönliche Beziehung zu Gott für Sinn und Ziel in Ihrem Leben?
● Auf welche Weise könnte sie einem resignierenden oder zynischen Menschen Sinn und Ziel vermitteln?

1 Ein Psalm Davids.
2 Herr, unser Herrscher,
wie herrlich ist dein Name in allen Landen!
Besingen will ich deine Hoheit über dem Himmel
3 mit dem Munde des Unmündigen und Säuglings.
Eine Feste hast du dir gegründet
um deiner Widersacher willen,
daß du zum Schweigen bringest
den Feind und den Rachgierigen.
4 Wenn ich schaue deine Himmel,
das Werk deiner Finger,
den Mond und die Sterne,
die du hingesetzt hast:
5 Was ist doch der Mensch, daß du seiner gedenkst?
und des Menschen Kind, daß du dich seiner annimmst?

6 Du machtest ihn wenig geringer als Engel,
mit Ehre und Hoheit kröntest du ihn.
7 Du setztest ihn zum Herrscher über das Werk deiner Hände,
alles hast du ihm unter die Füße gelegt:
8 Schafe und Rinder allzumal,
dazu auch die Tiere des Feldes,
9 die Vögel des Himmels, die Fische im Meere,
was da die Pfade der Fluten durchzieht.
10 Herr, unser Herrscher,
wie herrlich ist dein Name in allen Landen!

Psalm 8 (Zürcher Bibel)

1 Die Worte des Predigers, des Sohnes Davids, des Königs zu Jerusalem.
2 Wie ist alles so nichtig! spricht der Prediger.
Wie ist alles so nichtig! es ist alles umsonst!
3 Was hat der Mensch für Gewinn von all seiner Mühe,
womit er sich abmüht unter der Sonne?
4 Ein Geschlecht geht dahin, und ein anderes kommt;
aber die Erde bleibt ewig stehen.
5 Die Sonne geht auf, die Sonne geht unter
und strebt zurück an ihren Ort,
wo sie wiederum aufgeht.
6 Der Wind weht gen Süden, er kreist gen Norden,
immerfort kreisend weht der Wind,
und in seinem Kreislauf kehrt er zurück.
7 Alle Flüsse gehen zum Meere,
und doch wird das Meer nicht voll;
an den Ort, wohin die Flüsse gehen,
dahin gehen sie immer wieder.
8 Alles Ding müht sich ab,
kein Mensch vermag es zu sagen.
Das Auge wird nicht satt zu sehen,
das Ohr wird nicht voll vom Hören.
9 Was gewesen ist, wird wieder sein,
und was geschehen ist, wieder geschehen:
es gibt nichts Neues unter der Sonne.
10 Oder ist etwas, von dem man sagen möchte:
Siehe, dies hier ist ein Neues –?
Längst schon ist es dagewesen,
in den Zeiten, die vor uns gewesen sind.

11 Der Früheren gedenkt man nicht mehr;
und auch der Spätern, die kommen werden,
auch ihrer wird nicht mehr gedacht werden
bei denen, die nach ihnen kommen.
12 Ich, der Prediger, bin König über Israel gewesen zu Jerusalem.
13 Ich gedachte alles, was unter der Sonne geschah,
durch Weisheit zu erforschen und leicht zu ergründen:
eine leidige Mühe, die Gott verhängt hat,
daß die Menschenkinder damit sich abmühen.
14 Ich betrachte alles Geschehen,
alles was unter der Sonne geschieht:
siehe, alles ist nichtig und ein Haschen nach Wind.
15 Was krumm ist, kann man nicht gerade machen,
und was unzureichend ist, nicht voll.

Prediger 1,1–15 (Zürcher Bibel)

3. Die Quelle der Liebe

- Lesen Sie 1. Johannes 4,7—21.
- Kreisen Sie »Liebe« und »lieben« überall ein, wo das Wort in diesem Text erscheint. Unterstreichen Sie den Schlüsselvers.
- Was ist die Liebe, wie sie hier beschrieben wird?
- Wo ist die Quelle der Liebe? Wie erfahren wir diese Liebe?
- Welche Auswirkungen, sagt Johannes, hat diese Liebe auf uns?
- Was befähigt uns, andere zu lieben?
- Wie treibt Liebe Furcht aus? Wissen Sie ein Beispiel in Ihrem Leben, wo das geschah?
- Gibt es irgend etwas, das Sie jetzt erschreckt? Wenn ja, wie könnte Liebe die Dinge ändern? Wer würde das Lieben übernehmen? An wen würde sich die Liebe richten? Auf welche Weise könnte Liebe ausgedrückt werden?
- Was würden Sie tun, wenn jemand, der in einer Krise ist, sich so unmöglich benimmt, daß Sie das Gefühl hätten, Sie können ihn nicht lieben?

7 Geliebte, lasset uns einander lieben, denn die Liebe ist aus Gott, und jeder,
der liebt, ist aus Gott gezeugt und erkennt Gott. 8 Wer nicht liebt, hat Gott
nicht erkannt; denn Gott ist Liebe. 9 Darin ist die Liebe Gottes zu uns offen-
bar geworden, daß Gott seinen einzigen Sohn in die Welt gesandt hat, damit
wir durch ihn leben. 10 Darin besteht die Liebe, nicht daß *wir Gott* geliebt ha-
ben, sondern daß *er uns* geliebt und seinen Sohn als Sühnopfer für unsre
Sünden gesandt hat. 11 Geliebte, wenn Gott uns so geliebt hat, sind auch wir
verpflichtet, einander zu lieben. 12 Niemand hat Gott jemals geschaut; wenn
wir einander lieben, bleibt Gott in uns, und seine Liebe ist in uns vollendet.
13 Daran erkennen wir, daß wir in ihm bleiben und er in uns, daß er uns von
seinem Geist gegeben hat. 14 Und wir haben geschaut und bezeugen, daß der
Vater den Sohn als Heiland der Welt gesandt hat. 15 Wer bekennt, daß Jesus
der Sohn Gottes ist, in dem bleibt Gott und er in Gott. 16 Und wir haben er-
kannt und geglaubt die Liebe, die Gott zu uns hat. Gott ist Liebe, und wer in
der Liebe bleibt, der bleibt in Gott, und Gott bleibt in ihm. 17 Darin ist die
Liebe bei uns zur Vollendung gekommen, daß wir Zuversicht haben am Tage
des Gerichts; denn wie jener ist, sind in dieser Welt auch wir. 18 Furcht ist
nicht in der Liebe, sondern die vollkommene Liebe treibt die Furcht aus,
denn die Furcht hat Pein; wer sich aber fürchtet, ist nicht zur Vollkommen-
heit in der Liebe gelangt. 19 Lasset uns lieben, denn er hat uns zuerst geliebt.
20 Wenn jemand sagt: Ich liebe Gott, und [doch] seinen Bruder haßt, ist er ein
Lügner. Denn wer seinen Bruder nicht liebt, den er von Angesicht kennt,
kann Gott nicht lieben, den er von Angesicht nicht kennt. 21 Und dieses Ge-
bot haben wir von ihm, daß wer Gott liebt, auch seinen Bruder lieben soll.

1. Johannes 4,7–21 (Zürcher Bibel)

4. Die Bedeutung der Liebe

- Hosea war ein Prophet in Israel. Am Anfang seiner Prophetenlaufbahn befahl ihm Gott, eine Prostituierte zu heiraten. Hoseas Leben mit seiner untreuen Frau wurde ein Gleichnis für Gottes Verhältnis zu Israel.
- Lesen Sie Hosea 11.
  — Unterstreichen Sie Gottes Gefühle, Gedanken und Handlungen Israel gegenüber rot.
  — Unterstreichen Sie Israels Verhalten Gott gegenüber grün.
- Untersuchen Sie, wie Gott in diesem Abschnitt Israel seine Liebe zeigt. Stellen Sie aus dem Text eine Erklärung der Liebe zusammen (zum Beispiel: Gott liebte Israel wie ein Kind und rief es aus Ägypten heraus — daraus könnten Sie schließen, daß Gott aus Gebundenheit befreit).
- Was verrät Israels Verhalten gegenüber Gottes Liebe über die Prioritäten des Volkes?
- Warum wies Israel Gottes Liebe dauernd zurück?
- Wie beeinflußt Rebellion einen Menschen in seiner Fähigkeit, Gottes Liebe überhaupt zu sehen und zu empfangen?
- Warum äußert Gott Israel gegenüber Ärger? In welcher Beziehung stehen Gottes Liebe und der Ärger?
- Wenn Sie diesen Abschnitt als Grundlage nehmen: Was ist das Charakteristische der Liebe? Wie könnten Sie diese Merkmale im Text zeigen?

1 Als Israel jung war, gewann ich ihn lieb,
ich rief meinen Sohn aus Ägypten.
2 Je mehr ich sie rief,
desto mehr liefen sie von mir weg.
Sie opferten den Baalen,
und brachten den Götterbildern Rauchopfer dar.

3 Ich war es, der Efraim gehen lehrte,
ich nahm ihn auf meine Arme.
Sie aber haben nicht erkannt,
daß ich sie heilen wollte.
4 Mit menschlichen Fesseln zog ich sie an mich,
mit den Ketten der Liebe.
Ich war da für sie wie die (Eltern),
die den Säugling an ihre Wangen heben.
Ich neigte mich ihm zu und gab ihm zu essen.
5 Doch er muß wieder zurück nach Ägypten,
Assur wird sein König sein;
denn sie haben sich geweigert umzukehren.
6 Das Schwert wird in seinen Städten wüten;
es wird seinen Schwätzern den Garaus machen
und sie wegen ihrer Pläne vernichten.
7 Mein Volk verharrt in der Treulosigkeit;
sie rufen zu Baal,
doch er hilft ihnen nicht auf.
8 Wie könnte ich dich preisgeben, Efraim,
wie dich aufgeben, Israel?
Wie könnte ich dich preisgeben wie Adma,
dich behandeln wie Zebojim?
Mein Herz wendet sich gegen mich,
mein Mitleid lodert auf.
9 Ich will meinen glühenden Zorn nicht vollstrecken
und Efraim nicht noch einmal vernichten.
Denn ich bin Gott, nicht ein Mensch,
der Heilige in deiner Mitte.
Darum komme ich nicht in der Hitze des Zorns.
10 Sie werden hinter Jahwe herziehen.
Er brüllt wie ein Löwe, ja, er brüllt,
daß die Söhne vom Westmeer
zitternd herbeikommen.
11 Wie Vögel kommen sie zitternd herbei aus Ägypten,
wie Tauben aus dem Land Assur.
Ich lasse sie heimkehren in ihre Häuser
– Spruch des Herrn.

Hosea 11 (Einheitsübersetzung)

5. Die Notwendigkeit der Vergebung

● Lesen Sie 1. Johannes 1,1 — 2,2.

— Geben Sie jedem Abschnitt dieses Textes eine Überschrift.

— Kreisen Sie Schlüsselworte ein, die öfters wiederholt werden. (Geben Sie jedem Wort eine andere Farbe.)

● Auf was bezieht sich »das Wort«?

● Welche Beziehung gibt es zwischen christlicher Gemeinschaft und Freude?

● Stellen Sie sich vor, Sie seien in einem fremden, dunklen Zimmer und wollten auf die andere Seite gehen. Welche Schwierigkeiten könnten Ihnen begegnen?

● Nun stellen Sie sich vor, jemand macht das Licht an. Welchen Unterschied bringt das? Was meint Johannes, wenn er sagt: »Gott ist Licht«? Was bedeutet es für uns, im Licht zu leben?

● Wie kommt es, daß »im Licht leben« Gemeinschaft mit sich bringt?

● Wieso können wir unsere Sünden bekennen, wenn wir im Licht leben?

● Warum ist das Bekennen der Sünde so wichtig?

● Nehmen Sie sich einige Minuten Zeit und prüfen Sie Ihre Einstellungen und Ihr Verhalten in der vergangenen Woche. Stellen Sie alles in das Licht Gottes und bekennen Sie, was Gott Ihnen als Sünde zeigt.

● Wenn Sie mit einer nagenden Schuld aus der Vergangenheit kämpfen, bekennen Sie sie Gott jetzt, und vertrauen Sie auf sein Versprechen, zu vergeben.

1 Was von Anfang an war, was wir gehört, was wir mit unsern Augen gese-
hen, was wir geschaut und was unsre Hände betastet haben in bezug auf das
Wort des Lebens – 2 und das Leben ist erschienen, und wir haben es gesehen
und bezeugen und verkündigen euch das ewige Leben, das beim Vater war
und uns erschienen ist –: 3 was wir gesehen und gehört haben, verkündigen
wir auch euch, damit auch ihr Gemeinschaft mit uns habt; unsre Gemein-
schaft besteht aber auch mit dem Vater und mit seinem Sohne Jesus Chri-
stus. 4 Und dies schreiben wir, damit unsere Freude vollkommen sei.

5 Und dies ist die Botschaft, die wir von ihm gehört haben und euch ver-
kündigen, daß Gott Licht ist und keine Finsternis in ihm ist. 6 Wenn wir sa-
gen, daß wir Gemeinschaft mit ihm haben, und [dabei doch] in der Finsternis
wandeln, lügen wir und tun nicht die Wahrheit. 7 Wenn wir aber im Lichte
wandeln, wie er im Lichte ist, haben wir Gemeinschaft miteinander, und das
Blut Jesu, seines Sohnes, reinigt uns von aller Sünde. 8 Wenn wir sagen, daß
wir keine Sünde haben, führen wir uns selbst irre, und die Wahrheit ist nicht
in uns. 9 Wenn wir unsre Sünden bekennen, ist er treu und gerecht, so daß er
uns die Sünden vergibt und uns von aller Ungerechtigkeit reinigt. 10 Wenn
wir sagen, daß wir nicht gesündigt haben, machen wir ihn zum Lügner, und
sein Wort ist nicht in uns.

1 Meine Kinder, dies schreibe ich euch, damit ihr nicht sündigt. Und wenn
jemand sündigt, haben wir einen Beistand beim Vater, Jesus Christus, den
Gerechten. 2 Und er ist das Sühnopfer für unsre Sünden, aber nicht nur für
die unsern, sondern auch für die der ganzen Welt.

1. Johannes 1,1 – 2,2 (Zürcher Bibel)

6. Der Weg der Vergebung

● Wie würden Sie sich fühlen, wenn Sie im Kindergottesdienst eine biblische Geschichte erzählten und der Pfarrer käme und prüfte vor den Kindern Ihre Bibelkenntnisse? Wie würden Sie am liebsten antworten?

● Lesen Sie Johannes 7,53—8,11.

● Was tat Jesus, als die Pharisäer und Schriftgelehrten kamen?

● Was stand dahinter, als sie ihn mit ihren Fragen unterbrachen?

● Wie verhielt sich Jesus den Pharisäern und Schriftgelehrten gegenüber?

● Was bezweckte er mit seiner Antwort?

● Übersah Jesus die Sünde, wenn man hört, was er der Frau sagt?

● Was folgt der Vergebung, wenn man auf diesen Abschnitt schaut? Was mußte die Frau tun, um Vergebung zu bekommen?

● Überlegen Sie, was Sie in folgender Situation tun würden: Ein Freund wird ins Krankenhaus mit schwerer infektiöser Gelbsucht eingewiesen, die eine Folge von Drogenmißbrauch ist. Eine Freundin bemerkt Ihnen gegenüber: »Er hat sich selbst in diese Situation gebracht — er kann jetzt auch selbst die Konsequenzen tragen. Von mir bekommt er kein Mitleid.«

53 Und sie gingen jeder in sein Haus.
1 Jesus aber ging an den Ölberg.
2 Am Morgen jedoch fand er sich wieder im Tempel ein (und alles Volk kam
zu ihm, und er setzte sich und lehrte sie). 3 Da bringen die Schriftgelehrten
und die Pharisäer eine Frau, die beim Ehebruch ergriffen worden war, stellen
sie in die Mitte 4 und sagen zu ihm: Meister, diese Frau ist auf frischer Tat
beim Ehebruch ergriffen worden. 5 Im Gesetz aber hat [uns] Mose geboten,
solche zu steinigen. Was sagst nun du? (6 Das sagten sie aber, um ihn zu ver-
suchen, damit sie ihn anklagen könnten.) Da bückte sich Jesus nieder und
schrieb mit dem Finger auf die Erde. 7 Als sie (ihn) aber beharrlich weiter-
fragten, richtete er sich auf und sprach (zu ihnen): Wer unter euch ohne Sün-
de ist, werfe den ersten Stein auf sie! 8 Und er bückte sich wiederum nieder
und schrieb auf die Erde. 9 Sie aber gingen, als sie es hörten, einer nach dem
andern hinaus, die Ältesten voran, und er blieb allein zurück mit der Frau,
die in der Mitte war. 10 Da richtete sich Jesus auf und sprach zu ihr: Weib, wo
sind sie? Hat dich niemand verurteilt? 11 Sie aber sagte: Niemand, Herr! Dar-
auf sprach Jesus: Auch ich verurteile dich nicht; geh, sündige von jetzt an
nicht mehr!

Johannes 7,53–8,11 (Zürcher Bibel)

7. Gruppengespräch

- Schreiben Sie auf ein Blatt Papier die drei wichtigsten Dinge in Ihrem Leben (einschließlich Menschen und Beziehungen, Zielen und Leistungen). Teilen Sie einander mit, was Sie aufgeschrieben haben, und sagen Sie der Gruppe, wie diese Dinge Ihnen Sinn und Ziel im Leben geben.
- Zu welcher Zeit Ihres eigenen Lebens schien Ihnen das Leben am sinnlosesten, bedeutungslosesten? Was änderte diese Gefühle? Haben Ihnen Menschen dabei geholfen? War ein Bibeltext von besonderer Bedeutung für Sie?
- Wer (außer Gott) war die Person, die Sie am meisten liebte? Wie wurde diese Liebe gezeigt? Welche Gefühle hat das in Ihnen geweckt?
- Denken Sie an die Person, die Sie am wenigsten mögen (Sie brauchen keinen Namen zu nennen). Was können Sie tun, um Ihre Einstellung ihr gegenüber zu ändern? Erörtern Sie einige Wege, wie Sie ihm oder ihr mit wirklichem Interesse begegnen können. Halten Sie einige Minuten inne und beten Sie:
  — Bekennen Sie lieblose Verhaltensweisen.
  — Bitten Sie Gott, daß er Ihnen beiden hilft.
- Als Sie Gott die Sünde bekannten, daß Sie lieblos waren, haben Sie Gottes Vergebung erfahren. Was bedeutet es für Sie, daß Ihnen vergeben wurde?
- Besprechen Sie gemeinsam Ihre Antworten zur letzten Frage in der Bibelarbeit über Johannes 8 (Seite 46).

IV. Bei geistlichen Schwierigkeiten helfen

Sie haben einen Freund, der in einer Krise anscheinend geistliche Schwierigkeiten hat. Wie können Sie sicher sein, daß dieser Eindruck richtig ist? Und wenn Sie sicher sind, was würden Sie als nächstes tun? Welches wäre der beste Weg der Hilfe? Oft gibt es keine deutlichen Anzeichen bei geistlichen Nöten. Um zu einer genauen Beurteilung zu kommen, braucht man ein offenes Ohr und die Bereitschaft, auf kleinste Anhaltspunkte einzugehen.

1. Prioritäten setzen

- Lesen Sie Lukas 10,25—42.
- Warum wendet sich der Schriftgelehrte an Jesus?
- Wie beantwortet Jesus seine ursprüngliche Frage?
- Erklären Sie die Antwort des Schriftgelehrten. Was verrät seine angehängte Frage über sein Verständnis des Gesetzes?
- Die Räuber, der Priester, der Levit und der Samariter begegneten jeder dem verwundeten Mann. Was mag sie zu ihrer jeweiligen Reaktion gegenüber dem Verwundeten bewogen haben? Gibt es ähnliche Beweggründe für unser Verhalten gegenüber anderen Menschen?
- Verfolgen Sie die einzelnen Aktionen des Samariters für den Verwundeten. Wie wird die Liebe in jeder Tat sichtbar? Was kostete ihn jede Tat persönlich?
- Wie war seine ganze Person beteiligt (das heißt Herz, Seele, Geist und Kraft)? Was hat dies zu tun mit »Gott lieben«?
- Denken Sie an die am wenigsten liebenswürdige Person in Not, die Sie je getroffen haben (zum Beispiel körperlich abstoßend, streitsüchtig, undankbar). Reagierten Sie wie ein Räuber, Priester, Levit oder Samariter? Wie hätten Sie anfangen können, diesem Menschen Gottes Liebe zu bringen, wie es der Samariter getan hat?
- Mit wem identifizieren Sie sich im letzten Abschnitt — mit Maria oder Martha? Und warum?
- Was zeigen Marthas Bemerkungen und Taten über Ihre Beziehung zu Maria? Zu Jesus? Zu sich selbst?
- Warum sagte Jesus, daß Maria das Gute getan hat? Was zeigt dies über Marias Empfindsamkeit den Wünschen Jesu gegenüber?
- Wenn Sie Besuch haben — was drückt Ihre Geschäftigkeit aus? Was bewirken Sie durch Ihre Ruhe und Ihr Zuhören? Was bedeutet das für Ihre Beziehung zu Gott?
- Der Samariter übte Liebe durch praktisches Handeln, Maria durch Zuhören. Wie können Sie sich in einer gegebenen Situation zwischen beidem entscheiden? Denken Sie an spezielle Situationen bei der Arbeit, zu Hause, in der Nachbarschaft, wo Sie vielleicht Ihre Prioritäten festlegen müssen, um Liebe zu üben.

25 Und siehe, ein Gesetzeskundiger trat auf, ihn zu versuchen, und sagte:
Meister, was muß ich tun, damit ich das ewige Leben ererbe? 26 Er aber
sprach zu ihm: Was steht im Gesetze geschrieben? Wie liesest du? 27 Darauf
antwortete er und sagte: »Du sollst den Herrn, deinen Gott, lieben aus dei-
nem ganzen Herzen und mit deiner ganzen Seele und mit deiner ganzen
Kraft und mit deinem ganzen Denken« und »deinen Nächsten wie dich
selbst«. 28 Da sprach er zu ihm: Du hast recht geantwortet; tue das, so wirst
du leben!

29 Der aber wollte sich rechtfertigen und sagte zu Jesus: Und wer ist mein
Nächster? 30 Jesus erwiderte und sprach: Ein Mensch ging von Jerusalem
nach Jericho hinab und fiel Räubern in die Hände; die zogen ihn aus und
schlugen ihn und gingen davon und ließen ihn halbtot liegen. 31 Zufällig aber
ging ein Priester jene Straße hinab; und er sah ihn und ging vorüber.
32 Ebenso kam auch ein Levit an den Ort, sah ihn und ging vorüber. 33 Ein
Samariter aber, der unterwegs war, kam in seine Nähe, und als er ihn sah,
hatte er Erbarmen mit ihm 34 und trat hinzu, verband seine Wunden, indem
er Öl und Wein darauf goß, hob ihn auf sein Tier, brachte ihn in eine Herber-
ge und pflegte ihn. 35 Und am folgenden Tage nahm er zwei Denare heraus,
gab sie dem Wirt und sagte: Pflege ihn! und was du mehr aufwenden wirst,
will ich dir bezahlen, wenn ich wiederkomme. 36 Welcher von diesen dreien,
dünkt dich, sei der Nächste dessen gewesen, der den Räubern in die Hände
gefallen war? 37 Er aber sagte: Der, welcher ihm die Barmherzigkeit erwiesen
hat. Da sprach Jesus zu ihm: Geh auch du hin, tue desgleichen!

38 Es begab sich aber, als sie weiterzogen, da ging er in ein Dorf; und eine
Frau mit Namen Martha nahm ihn in ihr Haus auf. 39 Und diese hatte eine
Schwester namens Maria, die setzte sich zu den Füßen des Herrn und hörte
seiner Rede zu. 40 Martha dagegen machte sich viel zu schaffen mit der Be-
dienung. Sie trat aber hinzu und sagte: Herr, achtest du nicht darauf, daß
meine Schwester die Bedienung mir allein überlassen hat? Sage ihr nun, daß
sie mir helfen soll! 41 Doch der Herr antwortete und sprach zu ihr: Martha,
Martha, du machst dir Sorge und Unruhe um viele Dinge. 42 Weniges aber
ist not; Maria nämlich hat das gute Teil erwählt, und das soll nicht von ihr
genommen werden.

Lukas 10,25–42 (Zürcher Bibel)

2. Symptome für geistliche Probleme

- Lesen Sie Psalm 38.
- Was sieht der Psalmist als Grund für sein Leiden an?
- Wie sieht er seine Sünde?
- Welche körperlichen Symptome äußert er?
- Welche gefühlsmäßigen Äußerungen begleiten seine Krankheit?
- Wie beeinflußte die Krankheit sein Bild von sich selbst?
- Wie nimmt der Psalmist seine Freunde und seine Familie wahr? Seine Feinde? Gott? Warum denkt und fühlt er so?
- Schreiben Sie alle Nöte auf, die der Psalmist ausdrückt (körperliche, gefühlsmäßige und geistliche), und zwar in der linken Rubrik. In der rechten Rubrik notieren Sie mögliche Hilfen.

Nöte	mögliche Hilfen
Mangel an Menschen, die ihn unterstützen.	Zeit nehmen zum Zuhören und ermutigen Familie um Besuch bitten

- Wenn der Psalmist ein Bekannter von Ihnen wäre und Sie nur die körperlichen und emotionalen Anzeichen der Erkrankung sähen — welche Fragen würden Sie ihm stellen, um zu erkennen, ob unterschwellig geistliche Probleme da sind? Wenn Sie Not durch Schuld feststellten — wie würden Sie dieser Not begegnen?
- Haben Sie jemals etwas von dem erfahren, was der Psalmist beschreibt? Wie hilft diese Erfahrung Ihnen, einen anderen Menschen in seinem Gefühl zu verstehen?
- Was sind zur Zeit Ihre eigenen geistlichen Probleme? Wie könnte diesen begegnet werden?

1 Ein Psalm Davids.
2 Herr, strafe mich nicht in deinem Zorne,
und züchtige mich nicht in deinem Grimme.

3 Denn deine Pfeile haben mich getroffen,
und deine Hand ist auf mich herabgefahren.
4 Nichts Gesundes ist an meinem Fleische ob deines Grolls,
nichts Heiles ist an meinen Gebeinen ob meiner Sünde.
5 Denn meine Missetaten gehen über mein Haupt,
wie eine schwere Last erdrücken sie mich.
6 Es riechen, es eitern meine Wunden ob meiner Torheit.
7 Ich bin gekrümmt und tief gebeugt,
den ganzen Tag gehe ich trauernd einher.
8 Denn meine Lenden sind voll Brandes,
und nichts Gesundes ist an meinem Fleische.
9 Kraftlos bin ich und ganz zerschlagen,
ich schreie lauter, als der Löwe brüllt.
10 Herr, all mein Verlangen liegt offen vor dir,
und mein Seufzen ist dir nicht verborgen.
11 Mein Herz pocht heftig, meine Kraft hat mich verlassen;
auch das Licht meiner Augen ist nicht mehr.
12 Meine Freunde und Genossen stehen abseits von mir,
und meine Nächsten halten sich ferne.
13 Die mir nach dem Leben stellen, legen Schlingen,
und die mein Unheil suchen, beschließen Verderben
und sinnen auf Arglist den ganzen Tag.
14 Aber ich bin wie ein Tauber, der nicht hört,
und wie ein Stummer, der seinen Mund nicht auftut.
15 Ich bin wie einer, der nicht hört
und in dessen Mund kein Widerreden ist.
16 Denn deiner harre ich, Herr;
du wirst mich erhören, o Herr, mein Gott.
17 Ich spreche: »Daß sie sich nur nicht freuen über mich,
die wider mich großtun, wenn mein Fuß wankt!«
18 Denn ich bin nahe dem Falle,
und mein Schmerz verläßt mich nie.
19 Ja, ich bekenne meine Schuld
und bin bekümmert ob meiner Sünde.
20 Dabei sind stark, die mich grundlos befeinden,
und viel sind derer, die mich ohne Ursache hassen,
21 die mir Gutes mit Bösem vergelten,
die wider mich sind, weil ich dem Guten nachjage.
22 Verlaß mich nicht, o Herr!
Mein Gott, sei mir nicht ferne!
23 Eile mir zu helfen, o Herr, mein Heil! Psalm 38 (Zürcher Bibel)

3. Beurteilung von geistlichen Schwierigkeiten

- Lesen Sie Matthäus 9,1—13.
  - Unterstreichen Sie rot, was Jesus sagt.
  - Kreisen Sie jede Person, mit der Jesus spricht, mit einer anderen Farbe ein.
  - Notieren Sie am Rand, welche Haltung jeweils aus Jesu Worten spricht (Güte, Ärger, Autorität usw.).
- Wie spricht Jesus den Gelähmten an? Was ist die Besonderheit dieser Form der Anrede?
- Wessen Glaube bewegte Jesus dazu, die Sünden des kranken Mannes zu vergeben?
- Die Freunde des Gelähmten wurden durch ihren Glauben veranlaßt, zu handeln. Was taten sie für ihren Freund? Was tun Sie aus Glauben für Menschen, die in einer Krise sind?
- Was denken Sie, erwarteten der Gelähmte und seine Freunde von Jesus? Warum, glauben Sie, schenkte Jesus ihm Vergebung?
- Vergleichen Sie die Antwort der Schriftgelehrten und der Menge. Was ist nach Ihrer Meinung entscheidend für den Unterschied?
- Worin besteht die Ähnlichkeit der Berufung des Matthäus mit der Heilung des Gelähmten?
- Vergleichen Sie die Antwort der Pharisäer im letzten Abschnitt mit der der Schriftgelehrten im ersten. Was war jeweils ihre grundlegende Sorge?
- Was meint Jesus mit seinen abschließenden Worten in Vers 12—13? Welches sind die Gesunden? Welches die Kranken? Der Arzt? Wie zeigt Jesus Barmherzigkeit? Welche Art von Barmherzigkeit fordert er von uns? Wie können Sie diese Barmherzigkeit zeigen?

1 Und er stieg in ein Schiff, fuhr hinüber und kam in seine Stadt. 2 Und siehe,
da brachten sie zu ihm einen Gelähmten, der auf einem Bette lag. Und als Je-
sus ihren Glauben sah, sprach er zu dem Gelähmten: Sei getrost, mein Sohn;
deine Sünden sind dir vergeben. 3 Und siehe, etliche der Schriftgelehrten
sagten bei sich selbst: Dieser lästert. 4 Und da Jesus ihre Gedanken kannte,
sprach er: Warum denkt ihr Böses in euren Herzen? 5 Denn was ist leichter,
zu sagen: Deine Sünden sind dir vergeben, oder zu sagen: Steh auf und geh
umher? 6 Damit ihr aber wißt, daß der Sohn des Menschen Macht hat, auf
Erden Sünden zu vergeben – dann sagt er zu dem Gelähmten: Stehe auf, he-
be dein Bett auf und geh in dein Haus! 7 Und er stand auf und ging hinweg in
sein Haus. 8 Als es aber die Volksmenge sah, erschrak sie und pries Gott, der
solche Macht den Menschen gegeben habe.

9 Und als Jesus von da weiterging, sah er an der Zollstätte einen Mann sit-
zen, der Matthäus hieß; und er sagt zu ihm: Folge mir nach! Da stand er auf
und folgte ihm nach. 10 Und es begab sich, als er in dem Haus [des Matthäus]
zu Tische saß, siehe, da kamen viele Zöllner und Sünder und saßen mit Jesus
und seinen Jüngern zu Tische. 11 Als die Pharisäer das sahen, sagten sie zu
seinen Jüngern: Warum ißt euer Meister mit den Zöllnern und Sündern?
12 Er aber hörte es und sagte: Nicht die Starken bedürfen des Arztes, son-
dern die Kranken. 13 Gehet aber hin und lernet, was das heißt: »Barmherzig-
keit will ich und nicht Opfer.« Denn ich bin nicht gekommen, Gerechte zu
berufen, sondern Sünder.

Matthäus 9,1 – 13 (Zürcher Bibel)

4. Fürsorge für den ganzen Menschen

● Der Prophet Elia war Gott treu geblieben, als viele in Israel, voran der König und die Königin, dem Gott Baal und der Göttin Aschera dienten. Als eine große Dürre und Hungersnot kam, schützte Gott Elia und sorgte für ihn.

● Nun spitzte sich die Auseinandersetzung zwischen Elia und den Baals-Propheten zu. Elia forderte sie zu einem Gottesurteil heraus: Jeder, die Baals-Propheten und Elia, sollte seinem Gott einen Altar errichten, darauf ein Opfer bereiten und seinen Gott bitten, mit Feuer vom Himmel das Opfer zu verbrennen. Die Propheten des Baal waren erfolglos. Als Elia an der Reihe war, betete er zu Gott, dem Gott Abrahams, Isaaks und Jakobs, der sofort Feuer sandte, welches das Opfer verbrannte. Das Volk antwortete darauf mit der Anbetung Gottes und half Elia, die Baals-Propheten zu töten (1. Könige 17—18).

● Plötzlich wird Elia mit Isebel, der Frau des Königs, konfrontiert.

● Lesen Sie 1. Könige 19,1—10 und 15—18.

● Elias Eifer für den Herrn hatte gerade einen Höhepunkt erreicht. Trotzdem erschrak er nun vor der Drohung Isebels und floh. — Warum ist es manchmal schwer, Gottes Stimme zu hören, wenn wir uns gerade mit einem Hochgefühl für Gott und sein Werk engagieren?

● Welche Faktoren hatten Elias Angst vor Isebel vergrößert? Was passierte mit seinem Glauben?

● Tragen Sie in die beiden Spalten ein:

— Elias körperlichen, gefühlsmäßigen und geistlichen Probleme,

— mögliche Hilfen für ihn.

Probleme	Hilfen

● Überlegen Sie, was Sie in folgender Situation tun würden: Ihr Pfarrer, den Sie sehr gut kennen, wird wegen eines blutenden Geschwürs behandelt. Er hat viele in Ihrer Gegend zum Glauben ermutigt. Plötzlich bemerken Sie, daß sich seine Persönlichkeit verändert. Er spricht mit anderen nicht mehr fröhlich und locker, sondern ohne ersichtlichen Grund scharf und unduldsam.

1 Und Ahab erzählte der Isebel alles, was Elia getan und wie er alle Prophe-
ten mit dem Schwert getötet hatte. 2 Da sandte Isebel einen Boten an Elia
und ließ ihm sagen: Bist du Elia, so bin ich Isebel! Die Götter sollen mir dies
und das antun, wenn ich nicht morgen um diese Zeit dir tue, wie du ihnen
getan hast! 3 Da fürchtete er sich, machte sich auf und ging fort, sein Leben
zu retten. Als er nach Beerseba in Juda kam, ließ er seinen Diener dort; 4 er
selbst aber ging in die Wüste, eine Tagesreise weit, und als er hingekommen,
setzte er sich unter einen Ginsterstrauch. Da wünschte er sich den Tod und
sprach: Es ist genug! So nimm nun, Herr, mein Leben hin, denn ich bin nicht
besser als meine Väter. 5 Dann legte er sich unter dem Ginsterstrauche schla-
fen. Auf einmal aber berührte ihn ein Engel und sprach zu ihm: Steh auf und
iß! 6 Als er sich umschaute, siehe, da fand sich zu seinen Häupten ein geröste-
tes Brot nebst einem Krug mit Wasser. Da aß er und trank und legte sich wie-
der schlafen. 7 Und der Engel des Herrn kam zum zweitenmal, berührte ihn
und sprach: Steh auf und iß! sonst ist der Weg für dich zu weit. 8 Da stand er
auf, aß und trank und wanderte dann kraft dieser Speise vierzig Tage und
vierzig Nächte bis an den Gottesberg Horeb.

9 Dort ging er in eine Höhle hinein und blieb darin übernacht. Und siehe,
da erging an ihn das Wort des Herrn: Was tust du hier, Elia? 10 Er antworte-
te: Geeifert habe ich für den Herrn, den Gott der Heerscharen! Denn Israel
hat dich verlassen; deine Altäre haben sie niedergerissen und deine Prophe-
ten mit dem Schwert getötet. Ich allein bin übriggeblieben, und sie trachten
darnach, mir das Leben zu nehmen.

15 Aber der Herr sprach zu ihm: Auf, ziehe wieder deines Weges aus der
Wüste nach Damaskus, geh hinein und salbe Hasael zum König über Syrien.
16 Jehu aber, den Sohn Nimsis, sollst du zum König über Israel salben, und
Elisa, den Sohn Saphats, von Abel-Mehola, sollst du zum Propheten salben
an deiner Statt. 17 Und so wird es kommen: wer dem Schwerte Hasaels ent-
rinnt, den wird Jehu töten, und wer dem Schwerte Jehus entrinnt, den wird
Elisa töten. 18 Doch siebentausend will ich in Israel übriglassen: alle, deren
Knie, sich vor Baal nicht gebeugt und deren Mund ihn nicht geküßt hat.

1. Könige 19,1–10.15–18 (Zürcher Bibel)

5. Gedanken eines leidenden Menschen

- Lesen Sie Klagelieger 3,1—33.
- Beschreiben Sie die Vorstellung von Gott, die der Verfasser ausdrückt.
- Was ist sein Selbstverständnis?
- Welche geistlichen Probleme werden in den ersten 7 Versen ausgedrückt?
- Wie wird diesen Problemen in Vers 30—33 begegnet? Zum Beispiel: Was ist der Grund für seine Hoffnung? Wie erfährt er Liebe? Wie erfährt er Vergebung?
- Welche Probleme bleiben bestehen?
- Wäre der Schreiber ein Bekannter von Ihnen und äußerte nur die Gedanken der ersten 7 Verse, was würden Sie tun?
- Was würden Sie tun, wenn er nach einigen Tagen die Gedanken der Verse 30—33 äußerte?

1 Ich bin der Mann,
der Elend sehen muß durch die Rute des Grimmes Gottes.
2 Er hat mich geführt und gehen lassen in die Finsternis
und nicht ins Licht.
3 Er hat seine Hand gewendet gegen mich
und erhebt sie gegen mich Tag für Tag.
4 Er hat mir Fleisch und Haut alt gemacht
und mein Gebein zerschlagen.
5 Er hat mich ringsum eingeschlossen
und mich mit Bitternis und Mühsal umgeben.
6 Er hat mich in Finsternis versetzt wie die, die längst tot sind.
7 Er hat mich ummauert, daß ich nicht heraus kann,
und mich in harte Fesseln gelegt.
8 Und wenn ich auch schreie und rufe,
so stopft er sich die Ohren zu vor meinem Gebet.

9 Er hat meinen Weg vermauert mit Quadern
und meinen Pfad zum Irrweg gemacht.
10 Er hat auf mich gelauert wie ein Bär, wie ein Löwe im Verborgenen.
11 Er läßt mich den Weg verfehlen,
er hat mich zerfleischt und zunichte gemacht.
12 Er hat seinen Bogen gespannt und mich dem Pfeil zum Ziel gegeben.
13 Er hat mir seine Pfeile in die Nieren geschossen.
14 Ich bin ein Hohn für mein ganzes Volk und täglich ihr Spottlied.
15 Er hat mich mit Bitterkeit gesättigt und mit Wermut getränkt.
16 Er hat mich auf Kiesel beißen lassen,
er drückte mich nieder in die Asche.
17 Meine Seele ist aus dem Frieden vertrieben;
ich habe das Gute vergessen.
18 Ich sprach: Mein Ruhm und meine Hoffnung auf den Herrn sind dahin.
19 Gedenke doch, wie ich so elend und verlassen,
mit Wermut und Bitterkeit getränkt bin!
20 Du wirst ja daran gedenken, denn meine Seele sagt mir's.
21 Dies nehme ich zu Herzen, darum hoffe ich noch:
22 Die Güte des Herrn ist's, daß wir nicht gar aus sind,
seine Barmherzigkeit hat noch kein Ende,
23 sondern sie ist alle Morgen neu,
und deine Treue ist groß.
24 Der Herr ist mein Teil, spricht meine Seele;
darum will ich auf ihn hoffen.
25 Denn der Herr ist freundlich dem, der auf ihn harrt,
und dem Menschen, der nach ihm fragt.
26 Es ist ein köstlich Ding, geduldig sein
und auf die Hilfe des Herrn hoffen.
27 Es ist ein köstlich Ding für einen Mann,
daß er das Joch in seiner Jugend trage.
28 Er sitze einsam und schweige, wenn Gott es ihm auferlegt,
29 und stecke seinen Mund in den Staub;
vielleicht ist noch Hoffnung.
30 Er biete die Backe dar dem, der ihn schlägt,
und lasse sich viel Schmach antun.
31 Denn der Herr verstößt nicht ewig,
32 sondern er betrübt wohl und erbarmt sich wieder nach seiner großen
Güte.
33 Denn nicht von Herzen plagt und betrübt er die Menschen.

Klagelieder 3,1–33 (Luther Übersetzung)

6. Ein Mensch in großer Not

- Lesen Sie Psalm 22.
- — Unterstreichen Sie Ausdrücke geistlicher Not und bezeichnen Sie sie am Rand.
- — Unterstreichen Sie körperliche Symptome mit einer anderen Farbe.
- Beschreiben Sie anhand des Textes den Verfasser:
- — körperliche Situation,
- — psychosoziale Situation (Selbstdarstellung, verfügbarer Rückhalt, Stellung zu Krankheit usw.),
- — geistliche Situation (Vorstellung von Gott, Grund der Hoffnung, Vorstellung von Tod und Leben danach, Gebrauch von Gebet usw.).
- Entwerfen Sie einen »Behandlungsplan« mit den Informationen des Psalms:

Probleme	mögliche Abhilfe
Fühlt, Gott hat ihn verlassen und hört ihn nicht	Mit ihm beten und darin die Dinge zur Sprache bringen, von denen er meint, Gott habe sie nicht gehört

- Wie könnten Sie diesen Psalm für jemand anwenden, der in einer Krise ist?

1 Ein Psalm Davids.
2 Mein Gott, mein Gott, warum hast du mich verlassen,
bleibst ferne meiner Rettung und den Worten meiner Klage?
3 Mein Gott, ich rufe bei Tage, und du antwortest nicht
– des Nachts, und finde nicht Ruhe.
4 Und doch bist du der Heilige,
der thront über den Lobgesängen Israels.
5 Auf dich vertrauten unsre Väter;
sie vertrauten, und du halfest ihnen.
6 Zu dir schrieen sie und wurden errettet;
auf dich vertrauten sie und wurden nicht zuschanden.
7 Ich aber bin ein Wurm und kein Mensch,
ein Spott der Leute und verachtet vom Volke.
8 Alle, die mich sehen, spotten meiner,
verziehen die Lippen und schütteln den Kopf:
9 »Er warf's auf den Herrn, der möge ihm helfen;
er rette ihn, denn er hat ja Gefallen an ihm.«
10 Ja, du bist's, der mich zog aus dem Mutterschoß,
mich sicher barg an meiner Mutter Brust.
11 Auf dich ward ich geworfen aus Mutterschoß,
von Mutterleib an bist du mein Gott.
12 Sei nicht ferne von mir, denn Not ist nahe;
niemand ist, der helfe.
13 Mich umgeben mächtige Stiere,
Büffel von Basan umringen mich.
14 Sie sperren den Rachen wider mich auf
wie ein reißender, brüllender Löwe.
15 Wie Wasser bin ich hingeschüttet,
es lösen sich all meine Gebeine;
mein Herz ist gleich dem Wachs eworden,
zerflossen in meiner Brust.
16 Trocken wie Scherben ist mein Gaumen,
und meine Zunge klebt an meinem Schlund;
in den Staub des Todes legst du mich.
17 Denn Hunde lagern rings um mich,
und mich umkreist die Rotte der Übeltäter;
sie durchbohren mir Hände und Füße.
18 Ich kann all meine Gebeine zählen;
sie aber schauen her, sehen ihre Lust an mir.
19 Sie teilen meine Kleider unter sich
und werfen das Los um mein Gewand.

20 Aber du, Herr, sei nicht ferne!
Du meine Stärke, eile, mir zu helfen!
21 Errette vor dem Schwerte mein Leben,
aus der Gewalt der Hunde – mein Kleinod.
22 Hilf mir aus dem Rachen des Löwen,
den Hörnern der Büffel entreiße mich.
23 Verkünden will ich deinen Namen meinen Brüdern,
inmitten der Gemeinde will ich dich preisen:
24 »Die ihr den Herrn fürchtet, preiset ihn!
Ihr alle vom Stamme Jakobs, ehret ihn,
bebet vor ihm, ihr alle vom Stamme Israels!
25 Denn er hat nicht verachtet noch verabscheut des Elenden Elend
und nicht sein Angesicht vor ihm verborgen,
und da er zu ihm schrie,
hat er ihn erhört.«
26 Dir danke ich's, daß ich lobpreisen kann in großer Gemeinde;
meine Gelübde erfülle ich vor denen, die ihn fürchten.
27 Es werden essen die Gebeugten und gesättigt werden,
den Herrn werden preisen, die ihn suchen.
Aufleben soll euer Herz für immer!
28 Alle Enden der Erde werden dessen gedenken
und sich zu dem Herrn bekehren; und alle Geschlechter der Heiden
werden vor ihm niederfallen.
29 Denn des Herrn ist das Reich,
und er ist Herrscher über die Völker.
30 Vor ihm nur werden niederfallen
alle, die in der Erde schlafen,
vor ihm die Knie beugen alle,
die in den Staub hinabfuhren.
Doch meine Seele – ihm lebt sie!
31 Meine Kinder werden ihm dienen,
werden erzählen vom Herrn dem kommenden Geschlecht,
32 und künden werden sie seine Gerechtigkeit
noch ungeborenem Volk;
denn der Herr hat es getan.

Psalm 22 (Zürcher Bibel)

7. Gruppengespräch

- Was hat Ihnen geholfen, herauszufinden, ob ein Mensch geistliche Probleme hatte, und wenn, welche?
- Denken Sie an den Menschen, mit dem Sie als letztem spontan zusammen gebetet, in der Bibel gelesen oder dem Sie einen geistlichen Rat gegeben haben. Woher wußten Sie, daß dieser Mensch in geistlichen Schwierigkeiten war?
- Lesen Sie sich gegenseitig vor, wie Sie den Verfasser des Psalms 22 beschrieben haben (S. 60, zweite Frage). Sprechen Sie darüber, wie Sie versuchen würden, ihm zu helfen (S. 60, dritte Frage).
- Angenommen, Sie sitzen mit einem Freund beim Essen und an einem Punkt der Unterhaltung sagt er: »Seit mein Bruder letztes Jahr durch einen Autounfall ums Leben gekommen ist, war ich nicht mehr in der Kirche. Wenn Gott existiert, muß er schrecklich sein; dann will ich so weit wie möglich von ihm weg sein. Wie konnte er es zulassen, daß mein Bruder starb? Er war erst 18 und hatte gerade ein Stipendium fürs College bekommen. Er war so ein toller Junge.« — Wie würden Sie im ersten Moment antworten? Welche Pläne würden Sie für weitere Gespräche machen? (Es ist wichtig, daß Ihr Freund seine Gefühle und seine Gedanken über Gott aussprechen kann, auch wenn Sie meinen, daß nicht alles richtig ist, was er sagt!)
- Haben Sie zur Zeit solche seelsorgerlichen Beziehungen? Ohne Namen zu nennen und soweit es ohne Vertrauensbruch möglich ist, erzählen Sie den anderen in der Gruppe von den Problemen und überlegen Sie zusammen, wo die Hilfe liegen könnte. Beten Sie auch zusammen für diese Menschen, die in Schwierigkeiten sind.

V. Mittel, um Menschen zu helfen

Alles, was auf Gott hinweist, die Quelle der Gesundheit und Kraft, kann in Krisenzeiten geistlichen Rückhalt, Beistand und Ermutigung für einen Menschen bedeuten. Die wichtigsten Mittel, die wir in diesem Kapitel betrachten wollen, sind der Einsatz der eigenen Person, das Gebet, die Bibel und andere Christen.

1. Die eigene Person

- Lesen Sie Römer 12 und machen Sie eine kurze Inhaltsangabe.
- Was bedeutet Ihnen das Opfer? Was heißt es, ein lebendiges Opfer zu sein?
- Was sagt der Text darüber, wie wir Gottes Willen erfahren?
- Wie sollte unsere Einstellung zu unseren Fähigkeiten und Talenten sein?
- Vers 9—13 beschreibt einige Merkmale der Liebe. Schreiben Sie diese auf und setzen Sie dann dazu, wie jedes in Ihrem persönlichen und beruflichen Leben angewandt werden könnte.
- Vers 14—21 zeigt Wege für ein harmonisches Leben mit anderen. Zählen Sie sie auf und beziehen Sie sie auf Ihr eigenes Leben.
- Fassen Sie das Kapitel in einem Satz zusammen.

1 Ich ermahne euch nun, ihr Brüder, beim Erbarmen Gottes, eure Leiber als
ein lebendiges, heiliges, Gott wohlgefälliges Opfer hinzugeben: [das sei] euer
vernunftgemäßer Gottesdienst. 2 Und richtet euch nicht nach dieser Welt,
sondern wandelt euch um durch die Erneuerung des Sinnes, damit ihr zu
prüfen vermögt, was der Wille Gottes ist: das Gute und Wohlgefällige und
Vollkommene.

3 Denn kraft der mir verliehenen Gnade sage ich jedem der unter euch ist,
daß er den Sinn nicht höher richten soll, als zu sinnen sich geziemt, sondern
darauf sinnen soll, besonnen zu sein, so wie Gott jedem ein [gewisses] Maß
an Glauben zugeteilt hat. 4 Denn wie wir an *einem* Leib viele Glieder haben,
die Glieder aber insgesamt nicht die gleiche Verrichtung haben, 5 so sind
wir, die vielen, *ein* Leib in Christus, einzeln aber untereinander Glieder. 6 Da
wir aber je nach der uns verliehenen Gnade verschiedene Gnadengaben be-
sitzen, sei es die Gabe der Rede aus Eingebung, so werde sie gebraucht nach
Maßgabe des Glaubens; 7 sei es die Gabe der Dienstleistung, so werde sie ge-
braucht innerhalb der Dienstleistung; sei es die Gabe der Lehre, so werde sie
gebraucht in der Lehre; 8 sei es die Gabe des Ermahnens, so werde sie ge-
braucht in der Ermahnung. Wer gibt, tue es in Lauterkeit; wer die Leitung
ausübt, mit Eifer; wer Barmherzigkeit übt, mit Freudigkeit!

9 Die Liebe sei ungeheuchelt! Verabscheuet das Böse, hanget dem Guten
an! 10 In der Bruderliebe seid gegeneinander herzlich gesinnt; in der Ehrer-
bietung schätze einer den andern höher [als sich selbst]! 11 Im Eifer seid nicht
lässig, im Geist feurig, für den Herrn zum Dienst bereit! 12 Seid fröhlich in
der Hoffnung, geduldig in der Trübsal, beharrlich im Gebet! 13 Nehmet euch
der Bedürfnisse der Heiligen an; pfleget die Gastfreundschaft! 14 Segnet, die
euch verfolgen, segnet, und verfluchet nicht! 15 Freuet euch mit den Fröhli-
chen, weinet mit den Weinenden! 16 Seid gleichgesinnt gegeneinander; rich-
tet euren Sinn nicht auf die hohen Dinge, sondern lasset euch zu den gerin-
gen Dingen hinziehen; haltet euch nicht selbst für klug! 17 Vergeltet nieman-
dem Böses mit Bösem; seid auf das Gute bedacht vor allen Menschen! 18 Ist
es möglich, soviel an euch liegt, haltet mit allen Menschen Frieden! 19 Rä-
chet euch nicht selbst, Geliebte, sondern gebet Raum dem Zorn [Gottes];
denn es steht geschrieben: »Mir gehört die Rache, ich will vergelten«, spricht
der Herr. 20 Vielmehr, »wenn dein Feind hungert, so speise ihn; wenn er dür-
stet, so tränke ihn; denn wenn du dies tust, wirst du feurige Kohlen auf sein
Haupt sammeln.« 21 Laß dich vom Bösen nicht überwinden, sondern über-
winde das Böse durch das Gute!

Römer 12 (Zürcher Bibel)

2. Das Gebet (1)

- Lesen Sie Johannes 14,12—14.
- Was ist der Schlüssel zu wirkungsvollem Gebet?
- Weshalb gibt Gott uns diese Macht im Gebet?
- Paulus schreibt in Römer 8,26—27, daß Gott uns einen Beistand gibt, wenn wir nicht wissen, wie wir für uns und andere beten sollen. Welchen Beistand?
- Wie kann der Heilige Geist helfen, wenn Sie laut mit jemandem beten, der in einer Krise ist?
- Welche Haltung ist in 1. Thessalonicher 5,16—18 erwähnt, die das Gebet begleiten soll?
- Wann sollten Sie beten? Wie ist das möglich?
- Welche speziellen Anlässe zum Beten sind in Jakobus 5,13—18 genannt?
- Wen instruiert Jakobus zu beten?
- Welche Wirkung, sagt er, kann Gebet haben?
- In welchem Verhältnis steht das Bekennen zum Gebet?

12 Wahrlich, wahrlich, ich sage euch: Wer an mich glaubt, der wird die Wer-
ke, die ich tue, auch tun und wird größere als diese tun; denn ich gehe zum
Vater, 13 und was ihr in meinem Namen erbitten werdet, das werde ich tun,
damit der Vater im Sohn verherrlicht wird. 14 Wenn ihr in meinem Namen
etwas erbitten werdet, werde ich es tun.

Johannes 14,12 – 14 (Zürcher Bibel)

26 Ebenso kommt aber auch der Geist unsrer Schwachheit zu Hilfe. Denn wir
wissen nicht, was wir beten sollen, wie sich's gebührt; aber der Geist selbst
tritt für uns ein mit unaussprechlichen Seufzern. 27 Der jedoch, der die Her-
zen erforscht, weiß, was das Trachten des Geistes ist; denn er tritt für die Hei-
ligen ein, wie es Gott gefällt.

Römer 8,26 – 27 (Zürcher Bibel)

16 Seid allezeit fröhlich, 17 betet ohne Unterlaß, 18 seid dankbar in allen Din-
gen, denn das ist der Wille Gottes in Christus Jesus an euch.

1. Thessalonicher 5,16 – 18 (Luther Übersetzung)

13 Leidet jemand unter euch Ungemach, der bete! Ist jemand guten Mutes,
der singe Psalmen! 14 Ist jemand unter euch krank, so lasse er die Ältesten
der Gemeinde zu sich rufen, und sie sollen über ihm beten und ihn im Na-
men des Herrn mit Öl salben! 15 Und das Gebet des Glaubens wird den Kran-
ken retten, und der Herr wird ihn aufstehen lassen, und wenn er Sünden ge-
tan hat, wird ihm vergeben werden. 16 So bekennet nun einander die Sünden
und betet füreinander, damit ihr gesund werdet! Viel vermag die Bitte eines
Gerechten in ihrer Wirkung. 17 Elia war ein Mensch von gleicher Art wie
wir, und er betete inständig, daß es nicht regnen solle; und es regnete nicht
auf Erden drei Jahre und sechs Monate. 18 Und er betete wiederum; da gab
der Himmel Regen, und die Erde ließ ihre Frucht hervorwachsen.

Jakobus 5,13 – 18 (Zürcher Bibel)

3. Das Gebet (2)

- Lesen Sie Lukas 11,1—13.
- Aus welchem Grund bitten die Jünger Jesus, sie beten zu lehren?
- Was ist der tiefere Sinn, daß Jesus die Jünger lehrt, Gott als »Vater« anzureden?
- Führen Sie jede Bitte des Gebetes Jesu auf. Meditieren Sie langsam über jeden Satz. Denken Sie darüber nach, was es Ihnen bedeuten würde, wenn Gott jede Bitte erfüllt. Schreiben Sie Ihre Gedanken auf.
- Was veranlaßte den Mann, seinem Freund das Brot zu geben (Vers 5—8)?
- Was hindert Sie gewöhnlich, einen Freund um Hilfe zu bitten? Was ist in der Beziehung zu einem Menschen mit enthalten, wenn Sie ihn um Hilfe bitten?
- Inwieweit ist die Beziehung eines Christen zu Gott einer Freundschaft ähnlich? Inwieweit geht sie über eine Freundschaft hinaus?
- Wie läßt sich Ihre Beziehung zu Gott mit Ihrer Beziehung zu Ihren Eltern vergleichen? Warum kann man Gott mehr vertrauen als den irdischen Eltern?
- Lesen Sie noch einmal Ihre persönliche Abwandlung des Vaterunsers (Frage 3) und lassen Sie aus Ihrer Meditation ein Gebet werden. Vertrauen Sie Gott, daß er Ihnen gibt, was Sie brauchen, und danken Sie ihm für seine Treue.

1 Und es begab sich, daß er an einem Orte betete; und als er aufgehört hatte,
sagte einer seiner Jünger zu ihm: Herr, lehre uns beten, wie auch Johannes
seine Jünger gelehrt hat! 2 Da sprach er zu ihnen: Wenn ihr betet, so sprechet:

Vater,
dein Name werde geheiligt.
Dein Reich komme.
3 Gib uns täglich unser tägliches Brot.
4 Und vergib uns unsre Sünden,
denn auch wir vergeben jedem,
der gegen uns in Schuld ist.
Und führe uns nicht in Versuchung.

5 Und er sprach zu ihnen: Wer unter euch hätte einen Freund und ginge zu
ihm um Mitternacht und sagte zu ihm: Freund, leihe mir drei Brote, 6 denn
ein Freund von mir ist auf der Reise zu mir gekommen, und ich habe ihm
nichts vorzusetzen; 7 und jener würde von innen antworten und sagen: Mach
mir keine Mühe! Die Türe ist schon verschlossen, und meine Kinder sind mit
mir im Bett; ich kann nicht aufstehen und dir geben. 8 Ich sage euch: Wenn er
auch nicht deswegen aufstehen und ihm geben wird, weil er sein Freund ist,
wo wird er doch um seiner Unverschämtheit willen aufstehen und ihm geben, so viel er bedarf.

9 Und ich sage euch: Bittet, so wird euch gegeben werden; suchet, so werdet ihr finden, klopfet an, so wird euch aufgetan werden! 10 Denn jeder, der
bittet, empfängt; und wer sucht, der findet; und wer anklopft, dem wird aufgetan werden. 11 Wo ist unter euch ein Vater, der, wenn ihn sein Sohn um
einen Fisch bittet, ihm statt des Fisches eine Schlange gäbe, 12 oder auch,
wenn er um ein Ei bittet, ihm einen Skorpion gäbe? 13 Wenn nun ihr, die ihr
[doch] böse seid, euren Kindern gute Gaben zu geben wißt, wieviel mehr
wird der Vater im Himmel den heiligen Geist denen geben, die ihn bitten!

Lukas 11,1–13 (Zürcher Bibel)

4. Die Bibel (1)

- Schreiben Sie in eine Spalte die Funktionen der Bibel, wie sie in 2. Timotheus 3,16—17 angegeben sind.
- Nun schreiben Sie neben jede Funktion die Bedeutung und/oder ein Beispiel, was sie für Sie bedeutet.
- Welcher Zweck der Heiligen Schrift wird hier angegeben?
- Was zeigt Johannes 20,30—31 über die Zielsetzung der Bibel?
- Was tut die Schrift für uns nach Jesaja 55,10—11?
- Was will Gottes Wort in uns erreichen?
- Was sagen 1. Korinther 15,3—4 und 2. Petrus 1,20—21 über die Zielsetzung und Autorität der Schrift?
- Lesen Sie Psalm 119,9—16 und machen Sie ihn zu Ihrem persönlichen Gebet.

16 Jede von Gottes Geist eingegebene Schrift ist auch nütze zur Lehre, zur Überführung [des Sünders], zur Besserung, zur Erziehung in der Gerechtigkeit, 17 damit der Mensch Gottes vollkommen sei, zu jedem guten Werke völlig ausgerüstet.

2. Timotheus 3,16–17 (Zürcher Bibel)

30 Noch viele andre Zeichen nun tat Jesus vor den Jüngern, die in diesem Bu-
che nicht aufgeschrieben sind. 31 Diese aber sind aufgeschrieben, damit ihr
glaubt, daß Jesus der Christus, der Sohn Gottes ist und damit ihr dadurch,
daß ihr glaubt, in seinem Namen Leben habt.

Johannes 20,30–31 (Zürcher Bibel)

10 Denn wie der Regen und der Schnee vom Himmel herabkommt und nicht
dahin zurückkehrt, sondern die Erde tränkt, daß sie fruchtbar wird und
sproßt und dem Säemann Samen und dem Essenden Brot gibt, 11 so auch
mein Wort, das aus meinem Munde kommt: es kehrt nicht leer zu mir zu-
rück, sondern wirkt, was ich beschlossen, und führt durch, wozu ich es ge-
sendet.

Jesaja 55,10–11 (Zürcher Bibel)

3 Denn ich habe euch vor allem überliefert, was ich auch empfangen habe:
daß Christus für unsere Sünden gestorben ist nach den Schriften, 4 und daß
er begraben wurde und daß er auferweckt worden ist am dritten Tag nach
den Schriften.

1. Korinther 15,3–4 (Elberfelder Übersetzung)

20 Indem ihr dies zuerst wißt, daß keine Weissagung der Schrift aus eigener
Deutung geschieht. 21 Denn niemals wurde eine Weissagung durch den Wil-
len eines Menschen hervorgebracht, sondern von Gott her redeten Men-
schen, getrieben vom Heiligen Geist.

2. Petrus 1,20–21 (Elberfelder Übersetzung)

9 Wie wird ein junger Mann seinen Weg unsträflich gehen?
Wenn er sich hält an deine Worte.
10 Ich suche dich von ganzem Herzen,
laß mich nicht abirren von deinen Geboten.
11 Ich behalte dein Wort in meinem Herzen,
damit ich nicht wider dich sündige.
12 Gelobet seist du, Herr!
Lehre mich deine Gebote!
13 Ich will mit meinen Lippen erzählen
alle Weisungen deines Mundes.
14 Ich freue mich über den Weg, den deine Mahnungen zeigen,
wie über großen Reichtum.
15 Ich rede von dem, was du befohlen hast, und schaue auf deine Wege.
16 Ich habe Freude an deinen Satzungen
und vergesse deine Worte nicht.

Psalm 119,9–16 (Luther Übersetzung)

5. Die Bibel (2)

- Lesen Sie Psalm 19.
- Was offenbart die Schöpfung über Gott?
- Was haben Sie durch eigene Beobachtung über Gott gelernt?
- Wenn Sie die Bibel nicht hätten und nur aus der Natur etwas über Gott lernen könnten, was würde da in Ihrem Konzept von Gott fehlen?
- Die Begriffe Gesetz, Befehle, Zeugnis, Gebote und Rechte in den Versen 8—11 sind andere Bezeichnungen für Gottes Wort im Alten Testament. Wie beschreibt der Psalmist die Bibel? Wie berührt ihn Gottes Wort in diesen Versen? Was könnte diese Wirkung für Menschen in Krisen bedeuten?
- Was ist die Gesamtauswirkung, die die Begegnung des Psalmisten mit Gott durch die Natur und das Alte Testament hat?
- Wenn Sie sich Ziel, Einfluß und Wirkungen der Bibel bis hierher ansehen — wann wäre der richtige Augenblick gekommen, jemandem in Not ein Wort aus der Bibel zu sagen?

1 Ein Psalm Davids, vorzusingen.
2 Die Himmel erzählen die Ehre Gottes,
und die Feste verkündigt seiner Hände Werk.
3 Ein Tag sagt's dem andern,
und eine Nacht tut's kund der andern,
4 ohne Sprache und ohne Worte;
unhörbar ist ihre Stimme.
5 Ihr Schall geht aus in alle Lande
und ihr Reden bis an die Enden der Welt.
Er hat der Sonne ein Zelt am Himmel gemacht;
6 sie geht heraus wie ein Bräutigam aus seiner Kammer
und freut sich wie ein Held, zu laufen ihre Bahn.
7 Sie geht auf an einem Ende des Himmels
und läuft um bis wieder an sein Ende,
und nichts bleibt vor ihrer Glut verborgen.
8 Das Gesetz des Herrn ist vollkommen und erquickt die Seele.
Das Zeugnis des Herrn ist gewiß und macht die Unverständigen weise.
9 Die Befehle des Herrn sind richtig und erfreuen das Herz.
Die Gebote des Herrn sind lauter und erleuchten die Augen.
10 Die Furcht des Herrn ist rein und bleibt ewiglich,
die Rechte des Herrn sind Wahrheit, allesamt gerecht.
11 Sie sind köstlicher als Gold und viel feines Gold,
sie sind süßer als Honig und Honigseim.
12 Auch läßt dein Knecht sich durch sie warnen;
und wer sie hält, der hat großen Lohn.
13 Wer kann merken, wie oft er fehlet?
Verzeihe mir die verborgenen Sünden!
14 Bewahre auch deinen Knecht vor den Stolzen,
daß sie nicht über mich herrschen;
so werde ich ohne Tadel sein
und rein bleiben von großer Missetat.
15 Laß dir wohlgefallen die Rede meines Mundes
und das Gespräch meines Herzens vor dir,
Herr, mein Fels und mein Erlöser.

Psalm 19 (Luther Übersetzung)

6. Andere Christen

- Lesen Sie 1. Korinther 12,4—28.
— Unterstreichen Sie die Quelle geistlicher Gaben grün.
— Unterstreichen Sie den Sinn der Gaben rot.
— Unterstreichen Sie die Gaben selbst blau.
- Warum sind verschiedenen Menschen verschiedenen Gaben gegeben? Wer bestimmt, wer was bekommt?
- Warum ist es für Christen wichtig, in Gemeinschaft mit anderen Christen zu leben? Wie verbunden sind Sie mit dem Leib Christi dort, wo Sie leben?
- Wie hindert falsche Bescheidenheit die Arbeit der Kirche? Überdenken Sie mit Gebet, ob Sie sich gesträubt haben, sich in irgendeine Form des Dienstes hineinnehmen zu lassen, weil Sie sich nicht gut genug fühlten oder nicht mutig oder nicht genug vorbereitet.
- Welche Auswirkung hat eine Haltung von Überlegenheit auf die Arbeit der Kirche? Wo fühlen Sie sich anderen in Ihrer Kirche oder Gruppe überlegen? Wie beeinflußt diese Haltung Ihre Bereitschaft, sich einbeziehen zu lassen? (Eine Bibelgruppe ausgewählter Freunde kann es zum Beispiel vermeiden, mit »Problemfällen« zu tun zu haben.)
- Sehen Sie auf die Geistesgaben, die Sie blau unterstrichen haben. Welche dieser Gaben hat Gott Ihnen gegeben? Welche anderen Gaben hat er Ihnen gegeben?
- Welche Verantwortung haben wir füreinander? Wie können Ihre Gaben benutzt werden, um dieser Verantwortung bei der Arbeit, in der Schule und in der Gemeinde gerecht zu werden?
- Sie sind ein Teil des Leibes Christi. Wie hat sich das auf Ihre persönlichen Bedürfnisse ausgewirkt? Sollten Sie vielleicht engere Beziehungen zu anderen Christen anknüpfen?

4 Es gibt aber Verschiedenheiten in der Zuteilung von Gnadengaben, doch [nur] einen und denselben Geist; 5 und es gibt Verschiedenheiten in der Zuteilung von Diensten, und [nur] einen und denselben Herrn; 6 und es gibt

Verschiedenheiten in der Zuteilung von Kraftwirkungen, doch [nur] einen
und denselben Gott, der alles in allem wirkt. 7 Jedem aber wird die Offenba-
rung des Geistes zum Nutzen [der Gemeinde] gegeben. 8 Dem einen nämlich
wird durch den Geist Weisheitsrede gegeben, einem andern aber Erkennt-
nisrede gemäß demselben Geist, 9 einem andern Glaube in demselben Geist,
einem andern aber Gnadengaben zu Heilungen in dem einen Geist, 10 einem
andern aber wirkungskräftige Machttaten, einem andern Rede aus Einge-
bung, einem andern aber Unterscheidung der Geister, einem andern [ver-
schiedene] Arten von Zungenreden, einem andern aber Auslegung der Zun-
genreden. 11 Alles dies aber wirkt ein und derselbe Geist, der jedem für sich
zuteilt, wie er will.

12 Denn wie der Leib *einer* ist und viele Glieder hat, alle Glieder des Leibes
aber, obgleich es viele sind, *einen* Leib bilden, so [ist es] auch [mit] Christus.
13 Denn auch wir sind in *einem* Geist alle zu *einem* Leib getauft worden, ob
Juden, ob Griechen, ob Sklaven, ob Freie, und sind alle mit *einem* Geist ge-
tränkt worden. 14 Denn auch der Leib ist nicht ein Glied, sondern viele.
15 Wenn der Fuß sagt: Weil ich nicht Hand bin, gehöre ich nicht zum Leibe,
so gehört er darum doch zum Leibe. 16 Und wenn das Ohr sagt: Weil ich
nicht Auge bin, gehöre ich nicht zum Leibe, so gehört es darum doch zum
Leibe. 17 Wenn der ganze Leib Auge wäre, wo bliebe das Gehör? wenn er
ganz Gehör wäre, wo bliebe der Geruch? 18 Nun aber hat Gott den Gliedern
eine Bestimmung gegeben, einem jeden von ihnen am Leibe, wie er gewollt
hat. 19 Wenn aber alle *ein* Glied wären, wo bliebe der Leib? 20 Nun aber gibt
es viele Glieder, doch [nur] einen Leib. 21 Das Auge kann aber nicht zur Hand
sagen: Ich bedarf deiner nicht, oder wiederum der Kopf zu den Füßen: Ich be-
darf euer nicht; 22 sondern vielmehr die Glieder des Leibes, die die schwä-
chern zu sein scheinen, sind notwendig, 23 und die uns die weniger ehrbaren
am Leibe zu sein scheinen, die umgehen wir mit desto größerer Ehre, und die
unanständigen an uns haben desto größere Wohlanständigkeit; 24 die wohl-
anständigen an uns aber bedürfen es nicht. Aber *Gott* hat den Leib so zusam-
mengefügt, daß er dem im Nachteil befindlichen [Glied] desto größere Ehre
gab, 25 damit keine Spaltung im Leib wäre, sondern die Glieder die gleiche
Sorge füreinander tragen sollten. 26 Und wenn *ein* Glied leidet, so leiden alle
Glieder mit; wenn *einem* Glied Herrliches zuteil wird, so freuen sich alle
Glieder mit. 27 Ihr aber seid Christi Leib und, als Teile betrachtet, Glieder.
28 Und Gott hat erstens die einen in der Kirche zu Aposteln bestimmt, zwei-
tens [andre] zu Propheten, drittens [noch andre] zu Lehrern, dann Wunder-
kräfte, dann Gnadengaben zu Heilungen, Hilfeleistungen, Leitungen, Arten
von Zungenreden.

1. Korinther 12,4 – 28 (Zürcher Bibel)

7. Gruppengespräch

- Schreiben Sie drei geistliche Gaben auf, die Gott Ihnen gegeben hat. Schreiben Sie jetzt drei geistliche Gaben auf, die die Person links neben Ihnen hat. Teilen Sie sich nacheinander im Kreis die Gaben des Nachbarn mit. Bitten Sie jede Person, das Gesagte mit der eigenen Liste zu vergleichen. Wenn alle durch sind, besprechen Sie, wie Sie als Gruppe zusammenarbeiten können, um die Gaben, die Gott Ihrem Kreis gegeben hat, für Menschen in Krisen benutzen zu können.
- Wie können Sie beten, um anderen Menschen zu helfen?
- Was haben Sie bei der fünften bis siebten Frage der Bibelarbeit über Lukas 11 geantwortet (Seite 70)?
- Erzählen Sie sich Ihre Antworten zu den Fragen über die Bibel (Seite 72).
- Sammeln Sie gemeinsam Ideen, welche Bibelstellen für die Leute wichtig sind, die folgende Gedanken äußern:

— Gott scheint so weit weg zu sein.
— Gott kümmert sich um andere, aber mich beachtet er nicht.
— Es geschieht nichts, wenn ich bete.
— Ich habe Angst. Was ist, wenn ich im Examen durchfalle?
— Ich bin ein schlechter Mensch. Gott könnte mir nie vergeben.
— Das Leben hat keinen Sinn mehr.

- Wie können Sie einander helfen, um anderen beizustehen? Welche Hilfe würden Sie zum Beispiel gern von den anderen in der Gruppe haben? Teilen Sie sich Gebetsanliegen mit und beten Sie füreinander.

VI. Hilfen für uns selbst

Nicht nur Menschen in Krisensituationen haben geistliche Bedürfnisse und Probleme, auch Sie selbst sind davon betroffen. Um anderen Menschen so gut wie möglich helfen zu können, sollten Sie »Seelsorge an der eigenen Seele« erfahren haben.

1. Erfahrungen

- Lesen Sie 2. Korinther 1,1—11.
- Unterstreichen Sie, was Paulus über Gott sagt. Was ist der Leitfaden dieses Abschnitts? Was empfindet Paulus?
- »Wenn ein Glied leidet, leiden alle Glieder mit; wenn ein Glied geehrt wird, freuen sich alle anderen mit ihm« (1. Korinther 12,26). Welches Beispiel gibt Paulus in 2. Korinther 1,8—11 für diese Aussage?
- Welchen Sinn sieht Paulus in Schwierigkeiten? Welche Ereignisse in Ihrem Leben haben bei Ihnen die gleiche Erkenntnis wie bei Paulus bewirkt?
- Betrachten Sie die Stellen über Gott, die Sie unterstrichen haben. Was sagt dies über Gottes Eigenschaften und über seine Fähigkeit, in schwierigen Zeiten zu helfen?
- Vielleicht kämpfen Sie mit vergangenen Erfahrungen, die immer noch schmerzen? Nehmen Sie sich ein paar Minuten Zeit und sprechen Sie mit Jesus darüber. Können Sie irgend etwas tun, um die Situation jetzt zu ändern? Gibt es irgend etwas zu bekennen? Müssen Einstellungen geändert werden? Übergeben Sie Christus diese Erinnerungen und bitten Sie *Ihn*, zu helfen und zu heilen, so daß Ihr vergangenes Leid Sie befähigt, andere zu trösten.

1 Paulus, durch Gottes Willen Apostel Christi Jesu, und der Bruder Timo-
theus an die Kirche Gottes, die in Korinth ist, und an alle Heiligen in ganz
Achaia. 2 Gnade sei mit euch und Friede von Gott, unserem Vater, und dem
Herrn Jesus Christus. 3 Gepriesen sei der Gott und Vater Jesu Christi, unseres
Herrn, der Vater des Erbarmens und der Gott allen Trostes. 4 Er tröstet uns
in all unserer Not, damit auch wir die Kraft haben, alle zu trösten, die in Not
sind, durch den Trost, mit dem auch wir von Gott getröstet werden. 5 Wie
uns nämlich die Leiden Christi überreich zuteil geworden sind, so wird uns
durch Christus auch überreicher Trost zuteil. 6 Sind wir aber in Not, so ist es
zu eurem Trost und Heil, und werden wir getröstet, so geschieht auch das zu
eurem Trost; er wird wirksam, wenn ihr geduldig die gleichen Leiden ertragt,
die auch wir ertragen. 7 Unsere Hoffnung für euch ist unerschütterlich; wir
sind sicher, daß ihr mit uns nicht nur an den Leiden teilhabt, sondern auch
am Trost.

8 Wir wollen euch die Not nicht verschweigen, Brüder, die in der Provinz
Asien über uns kam und uns über alles Maß bedrückte; unsere Kraft war er-
schöpft, so sehr, daß wir am Leben verzweifelten. 9 Aber wir haben unser To-
desurteil hingenommen, weil wir unser Vertauen nicht auf uns selbst setzen
wollten, sondern auf Gott, der die Toten auferweckt. 10 Er hat uns aus dieser
großen Todesnot errettet und rettet uns noch; auf ihm ruht unsere Hoff-
nung, daß er uns auch in Zukunft retten wird. 11 Helft aber auch ihr, indem
ihr für uns betet, damit viele Menschen in unserem Namen Dank sagen für
die Gnade, die uns geschenkt wurde.

2. Korinther 1,1 – 11 (Einheitsübersetzung)

2. Von Gott beauftragt

● Lesen Sie 2. Korinther 4.

● Welchen Auftrag hatte Paulus? Welche Prinzipien leiten seine Arbeit? Wie können diese Prinzipien auf Ihre Situation angewandt werden?

● Aus welchem Grund erlahmt Paulus' Eifer und Mut nicht (Vers 3—4)? Was bedeutet es für Paulus, wenn seine Arbeit keinen Erfolg hat?

● Welches sind einige positive Auswirkungen von Not, die Paulus beschreibt? Was lehrt Leiden ihn über sich selbst? Über Gott?

● Was ist für Paulus der Grund, in seiner Arbeit die Hoffnung zu behalten?

● Welche Arbeit hat Gott Ihnen aufgetragen? (Möglichst im einzelnen und nicht nur in bezug auf den Beruf.) Woher wissen Sie, daß Gott Ihnen diesen Dienst aufgetragen hat?

● Was ist am meisten Grund für Ihre Entmutigung im Moment? Was will Gott Sie vielleicht damit lehren? Über Sie selbst? Über Gott? Wie kann die Hoffnung von Paulus auch Ermutigung für Sie sein?

1 Daher erlahmt unser Eifer nicht in dem Dienst, der uns durch Gottes Erbarmen übertragen wurde. 2 Wir haben uns von aller schimpflichen Arglist losgesagt; wir handeln nicht hinterhältig und verfälschen das Wort Gottes nicht, sondern lehren offen die Wahrheit. So empfehlen wir uns vor dem Angesicht Gottes jedem menschlichen Gewissen. 3 Wenn unser Evangelium dennoch verhüllt ist, ist es nur denen verhüllt, die verlorengehen; 4 denn der Gott dieser Weltzeit hat das Denken der Ungläubigen verblendet. So strahlt ihnen der Glanz der Heilsbotschaft nicht auf, der Botschaft von der Herrlichkeit Christi, der Gottes Ebenbild ist. 5 Wir verkündigen nämlich nicht uns selbst, sondern Jesus Christus als den Herrn, uns aber als eure Knechte um Jesu willen. 6 Denn Gott, der sprach: Aus Finsternis soll Licht aufleuchten!, er ist in unseren Herzen aufgeleuchtet, damit wir erleuchtet werden zur Erkenntnis des göttlichen Glanzes auf dem Antlitz Christi.

7 Diesen Schatz tragen wir in zerbrechlichen Gefäßen; so wird deutlich, daß das Übermaß der Kraft von Gott und nicht von uns kommt. 8 Von allen Seiten werden wir in die Enge getrieben und finden doch noch Raum; wir wissen weder aus noch ein und verzweifeln dennoch nicht; 9 wir werden gehetzt und sind doch nicht verlassen; wir werden niedergestreckt und doch nicht vernichtet. 10 Wohin wir auch kommen, immer tragen wir das Todesleiden Jesu an unserem Leib, damit auch das Leben Jesu an unserem Leib sichtbar wird. 11 Denn immer werden wir, obgleich wir leben, um Jesu willen dem Tod ausgeliefert, damit auch das Leben Jesu an unserem sterblichen Fleisch offenbar wird. 12 So erweist an uns der Tod, an euch aber das Leben seine Macht. 13 Doch haben wir den gleichen Geist des Glaubens, von dem es in der Schrift heißt: Ich habe geglaubt, darum habe ich geredet. Auch wir glauben, und darum reden wir. 14 Denn wir wissen, daß der, welcher Jesus, den Herrn, auferweckt hat, auch uns mit Jesus auferwecken und uns zusammen mit euch (vor sein Angesicht) stellen wird. 15 Alles tun wir euretwegen, damit immer mehr Menschen aufgrund der überreich gewordenen Gnade den Dank vervielfachen, Gott zur Ehre.

16 Darum werden wir nicht müde; wenn auch unser äußerer Mensch aufgerieben wird, der innere wird Tag für Tag erneuert. 17 Denn die kleine Last unserer gegenwärtigen Not schafft uns in maßlosem Übermaß ein ewiges Gewicht an Herrlichkeit, 18 uns, die wir nicht auf das Sichtbare starren, sondern nach dem Unsichtbaren ausblicken; denn das Sichtbare ist vergänglich, das Unsichtbare ist ewig.

2. Korinther 4 (Einheitsübersetzung)

3. Gottes Geist in uns

- Lesen Sie Römer 8,1—4.14—18 und 22—31.
- Vergleichen Sie »Leben im Geist« mit dem »Leben im Fleisch«. Welchen Vorteil hat das erste? Warum gibt es immer noch Leiden im Leben von Christen?
- Wie beeinflußt Gott unser Leben durch den Heiligen Geist? Wie erfahren wir das?
- Gott hat in Jesus Christus als Mensch gelebt und gelitten. Was bedeutet sein Leiden (nicht nur am Kreuz) für uns?
- Welches ist die Hoffnung, die uns dieser Abschnitt zeigt? Wie beeinflußt sie unsere Fähigkeit, Leiden zu ertragen?
- Denken Sie an die Krankheit, Katastrophe oder Erfahrung von Leid, die Sie am meisten fürchten. Warum fürchten Sie sich so davor? Wenn dieses Ereignis einträte, was würden Ihnen dann die Verse 38 und 39 bedeuten?
- Betrachten Sie die einzelnen Zeichen, die Paulus in diesem Kapitel dafür anführt, daß Gott für uns sorgt. Wie würden Sie das bei einem Menschen anwenden, der in einer Krise ist und an Gottes Fürsorge zweifelt?

1 Also gibt es jetzt keine Verurteilung mehr für die, welche in Christus Jesus
sind. 2 Denn das Gesetz des Geistes des Lebens hat mich in Christus Jesus frei
gemacht von dem Gesetz der Sünde und des Todes. 3 Denn [um das zu errei-
chen], was dem Gesetz unmöglich war, weil seine Kraft gelähmt war durch
das Fleisch, sandte Gott seinen Sohn in einer Gestalt, die dem sündlichen
Fleisch ähnlich war, und um der Sünde willen und verurteilte die Sünde im
Fleische, 4 damit die durch das Gesetz geforderte Gerechtigkeit erfüllt werde
in uns, die wir nicht nach dem Fleische wandeln, sondern nach dem Geiste.
5 Denn die fleischlich Gesinnten trachten nach dem, was des Fleisches ist,
die geistlich Gesinnten aber nach dem, was des Geistes ist. 6 Denn das Trach-
ten des Fleisches bedeutet Tod, das Trachten des Geistes aber Leben und

Frieden, 7 darum, weil das Trachten des Fleisches Feindschaft wider Gott ist;
denn es unterwirft sich dem Gesetz Gottes nicht; es vermag das ja auch nicht.
8 Die aber im Fleische sind, können Gott nicht gefallen. 9 Ihr jedoch seid
nicht im Fleische, sondern im Geiste, wenn anders Gottes Geist in euch
wohnt. Wenn aber jemand Christi Geist *nicht* hat, der ist nicht sein. 10 Ist da-
gegen Christus in euch, so ist der Leib zwar tot um der Sünde willen, der
Geist aber ist Leben um der Gerechtigkeit willen. 11 Wenn aber der Geist
dessen, der Jesus von den Toten auferweckt hat, in euch wohnt, so wird er,
der Christus von den Toten auferweckt hat, auch eure sterblichen Leiber le-
bendig machen durch seinen Geist, der in euch wohnt.

12 Also sind wir nun, ihr Brüder, Schuldner nicht dem Fleische, nach dem
Fleische zu leben. 13 Denn wenn ihr nach dem Fleische lebt, müßt ihr ster-
ben; wenn ihr aber durch den Geist die [schlimmen] Taten des Leibes tötet,
werdet ihr leben. 14 Denn alle, die vom Geiste Gottes getrieben werden, die
sind Söhne Gottes. 15 Denn ihr habt nicht den Geist der Knechtschaft emp-
fangen, so daß ihr euch wieder fürchten müßtet, sondern ihr habt empfan-
gen den Geist [, der verliehen wird bei] der Annahme an Sohnes Statt; in die-
sem rufen wir: Abba, Vater! 16 Ebendieser Geist bezeugt samt unsrem Geiste,
daß wir Kinder Gottes sind. 17 Sind wir aber Kinder, so sind wir auch Erben,
nämlich Erben Gottes und Miterben Christi, wenn anders wir mit ihm lei-
den, damit wir auch mit ihm verherrlicht werden. 18 Denn ich halte dafür,
daß die Leiden der jetzigen Zeit nichts bedeuten im Vergleichen zu der Herr-
lichkeit, die an uns geoffenbart werden soll.

19 Denn die Sehnsucht des Geschaffenen wartet auf das Offenbarwerden
[der Herrlichkeit] der Söhne Gottes. 20 Denn der Nichtigkeit wurde das Ge-
schaffene unterworfen, nicht freiwillig, sondern um dessen willen, der es ihr
unterwarf; 21 auf die Hoffnung hin, daß auch das Geschaffene selbst befreit
werden wird von der Knechtschaft des Verderbens zur Freiheit der Herrlich-
keit der Kinder Gottes. 22 Denn wir wissen, daß alles Geschaffene insgesamt
seufzt und sich schmerzlich ängstigt bis jetzt. 23 Aber nicht nur das, sondern
auch wir selbst, die wir die Erstlingsgabe des Geistes haben, auch wir seufzen
in uns selbst und warten auf die [volle Offenbarung der] Annahme an Sohnes
Statt, auf die Erlösung unsres Leibes. 24 Denn [nur] auf Hoffnung hin sind
wir gerettet worden. Eine Hoffnung aber, die man sieht, ist keine Hoffnung;
denn was einer sieht, weshalb hofft er es noch? 25 Wenn wir dagegen hof-
fen, was wir nicht sehen, so warten wir darauf mit Geduld. 26 Ebenso kommt
aber auch der Geist unsrer Schwachheit zu Hilfe. Denn wir wissen nicht, was
wir beten sollen, wie sich's gebührt; aber der Geist selbst tritt für uns ein mit
unaussprechlichen Seufzern. 27 Der jedoch, der die Herzen erforscht, weiß,
was das Trachten des Geistes ist; denn er tritt für die Heiligen ein, wie es Gott
gefällt. 28 Wir wissen aber, daß denen, die Gott lieben, alle Dinge zum Guten

mitwirken, denen, die nach seiner zuvor getroffenen Entscheidung berufen sind. 29 Denn die er zum voraus ersehen hat, die hat er auch vorherbestimmt, gleichgestaltet zu sein dem Bildes seines Sohnes, damit er der Erstgeborene sei unter vielen Brüdern. 30 Die er aber vorherbestimmt hat, die hat er auch berufen; und die er berufen hat, die hat er auch gerechtgesprochen; die er aber gerechtgesprochen hat, denen hat er auch die himmlische Herrlichkeit geschenkt. 31 Was sollen wir nun dazu sagen? Ist Gott für uns, wer mag wider uns sein? 32 Er, der seines eigenen Sohnes nicht verschont, sondern ihn für uns alle dahingegeben hat, wie sollte er uns mit ihm nicht auch alles schenken? 33 Wer will die Auserwählten Gottes anklagen? Gott ist es [ja], der sie gerechtspricht. 34 Wer ist es, der verdammen will? Christus Jesus ist es [ja], der gestorben, ja noch mehr, der auferweckt worden ist, der zur Rechten Gottes ist, der auch für uns eintritt. 35 Wer will uns scheiden von der Liebe Christi? Trübsal oder Angst oder Verfolgung oder Hunger oder Blöße oder Gefahr oder Schwert? 36 Wie geschrieben steht: »Um deinetwillen werden wir getötet den ganzen Tag, sind wir geachtet worden wie Schlachtschafe.« 37 Aber in diesem allem überwinden wir weit durch den, der uns geliebt hat. 38 Denn ich bin dessen gewiß, daß weder Tod noch Leben, weder Engel noch Gewalten, weder Gegenwärtiges noch Zukünftiges, noch Kräfte, 39 weder Hohes noch Tiefes, noch irgendein andres Geschöpf uns zu scheiden vermag von der Liebe Gottes, die in Christus Jesus ist, unsrem Herrn.

Römer 8 (Zürcher Bibel)

4. An Gottes Ziel und Plan teilhaben

- Lesen Sie Epheser 1.
- Schreiben Sie auf, was Gott für uns getan hat.
- Wir leben in einer Zeit, in der Unabhängigkeit und Freiheit primäre Ziele vieler Menschen sind. Was bedeutet im Vergleich dazu »erwählt sein« und »vorherbestimmt«?
- Was, sagt Paulus, ist Gottes letztes Ziel mit uns?
- Was bedeutet es für Sie (praktisch), daß Sie zur Ehre von Gottes Herrlichkeit leben?
- Worum bittet Paulus in Vers 15—19 für die Gemeinde in Ephesus? Schreiben Sie die einzelnen Punkte mit Ihren eigenen Worten auf und nehmen Sie jeden einzelnen in sich auf. Stellen Sie sich vor, daß Paulus dies auch für Sie persönlich gebetet hätte. Wie könnte es in Ihrem Leben Wirklichkeit werden?

3 Gepriesen sei Gott, der Vater unsres Herrn Jesus Christus, der uns mit je-
dem geistlichen Segen in der Himmelswelt durch Christus gesegnet hat. 4 So
hat er uns ja in ihm erwählt vor Grundlegung der Welt, damit wir heilig und
untadelig vor ihm seien, indem er in Liebe 5 uns zur Annahme an Sohnes
Statt bei sich selbst durch Jesus Christus vorherbestimmt hat nach dem
freien Entschluß seines Willens 6 zum Lobe der Herrlichkeit seiner Gnade,
mit der er uns begnadigt hat in dem Geliebten. 7 In diesem haben wir die Er-
lösung durch sein Blut, [nämlich] die Vergebung der Übertretungen nach
dem Reichtum seiner Gnade, 8 die er auf uns reichlich hat überströmen las-
sen in aller Weisheit und Einsicht. 9 Er hat uns ja das Geheimnis seines Wil-
lens kundgetan nach seinem freien Entschluß, den er bei sich selbst zuvor ge-
faßt hat 10 für die Veranstaltung [des Heils der Heiden] bei der Erfüllung der
Zeiten: alles zusammenzufassen in Christus, was in den Himmeln und was
auf Erden ist. 11 Und in ihm sind wir auch zu Erben gemacht worden, vorher-
bestimmt nach der zuvor getroffenen Entscheidung dessen, der alles nach
dem Ratschluß seines Willens wirkt, 12 damit wir zum Lobe seiner Herrlich-
keit gereichen, die wir unsre Hoffnung zum voraus auf Christus gesetzt ha-
ben. 13 Und in ihm habt auch ihr, nachdem ihr das Wort der Wahrheit ge-
hört habt, das Evangelium eures Heils – in ihm habt auch ihr, nachdem ihr
gläubig geworden seid, das Siegel [der Gotteskindschaft] empfangen durch
den heiligen Geist, der [in seiner ganzen Fülle] verheißen ist, 14 der [schon
jetzt] das Angeld unsres Erbes ist für die Erlösung seines Eigentums zum Lo-
be seiner Herrlichkeit.

15 Deshalb höre auch ich nicht auf, eurethalben, nachdem ich von eurem
Glauben an den Herrn Jesus und von der Liebe gegen alle Heiligen vernom-
men habe, 16 zu danken, indem ich in meinen Gebeten euer gedenke, 17 da-
mit der Gott unsres Herrn Jesus Christus, der Vater der Herrlichkeit, euch
den Geist der Weisheit und der Offenbarung gebe, so daß ihr ihn erkennt,
18 indem ihr Erleuchtung habt für die Augen eures Herzens, damit ihr wißt,
welches die Hoffnung seiner Berufung ist, welches der Reichtum der Herr-
lichkeit seines Erbes inmitten der Heiligen 19 und welches die überschweng-
liche Größe seiner Macht an uns [ist], die wir glauben, nach der Wirksamkeit
der Kraft seiner Stärke. 20 Diese hat er an Christus wirksam werden lassen,
als er ihn von den Toten auferweckte und zu seiner Rechten in der Himmels-
welt setzte 21 über jede Gewalt und Macht und Kraft und Hoheit und jeden
Namen, der genannt wird nicht allein in dieser Welt, sondern auch in der zu-
künftigen. 22 Und alles hat er seinen Füßen unterworfen und hat ihn zum
Haupt über alles der Kirche gegeben, 23 die sein Leib ist, die Fülle dessen, der
[doch] alles mit allem erfüllt.

Epheser 1,3–23 (Zürcher Bibel)

5. Gottes Waffen

- Lesen Sie Epheser 6,10—20.
- Welchen Grund gibt Paulus dafür an, daß ein Christ die »ganze Waffenrüstung Gottes« benötigt? Wie beschreibt er den Feind?
- Wogegen haben die christlichen Gemeinden zu kämpfen?
- Zeichnen Sie einen Soldaten und rüsten Sie ihn mit den Waffen aus, die Paulus aufzählt. Denken Sie über jede einzelne Waffe nach. Welche Funktion hat sie für den Körper? Was entspricht ihr im geistlichen Kampf?
- Wie können Gottes Waffen Sie ausrüsten, um dem Widerstand (zweite Frage) entgegenzutreten? Was müssen Sie unternehmen, um die Rüstung anzulegen?
- Wie kann das Gebet die Ausrüstung eines Soldaten vervollkommnen?
- Paulus schließt mit der Bitte an die Epheser, für ihn zu beten. Wenn Sie noch keinen Menschen haben, der regelmäßig für Sie betet — wen könnten Sie fragen? Wer könnte Ihr Gebetspartner sein? Welcher Gebetsgruppe könnten Sie sich anschließen?

10 Im übrigen werdet gekräftigt im Herrn und in der Macht seiner Stärke!
11 Ziehet die ganze Waffenrüstung Gottes an, damit ihr den listigen An-
schlägen des Teufels standhalten könnt! 12 Denn unser Ringkampf geht
nicht wider Fleisch und Blut, sondern wider die Gewalten, wider die Mächte,
wider die Beherrscher dieser Welt der Finsternis, wider die Geisterwesen der
Bosheit in den himmlischen Regionen. 13 Darum ergreifet die ganze Waffen-
rüstung Gottes, damit ihr am bösen Tage Widerstand leisten und alles voll-
bringen und standhalten könnt! 14 So haltet nun stand, an euren Lenden ge-
gürtet mit Wahrheit und angetan mit dem Panzer der Gerechtigkeit 15 und
beschuht an den Füßen mit Bereitschaft für das Evangelium des Friedens,
16 und ergreifet bei dem allem den Schild des Glaubens, mit dem ihr alle feu-
rigen Pfeile des Bösen werdet löschen können! 17 Und nehmet an euch den
Helm des Heils und das Schwert des Geistes, welches das Wort Gottes ist!
18 Mit allem Gebet und Flehen betet zu jeder Zeit im Geiste, und seid hierzu
wach mit aller Beharrlichkeit und Fürbitte für alle Heiligen, 19 auch für
mich, damit mir das Wort verliehen werde, mit [unerschrockenem] Auftun
meines Mundes, mit Freimütigkeit das Geheimnis des Evangeliums kundzu-
tun, 20 um dessentwillen ich ein Gesandter bin in Ketten, auf daß ich dabei
die Freimütigkeit beweise, zu reden, wie es mir obliegt.

Epheser 6,10 – 20 (Zürcher Bibel)

6. Der Herr, unser Hirte

● Unsere größte und fundamentalste Hilfequelle ist der Herr selbst. Psalm 23 enthält viele Beispiele, wie Gott in Liebe für uns sorgt.

● Lesen Sie den Psalm langsam durch. Meditieren Sie über jeder Aussage und fragen Sie dabei: Was bedeutet sie? Was bedeutet sie speziell für mich? Schreiben Sie Ihre Gedanken auf. Danach nehmen Sie sich ein paar Minuten Zeit, um Gott für seine Güte Ihnen gegenüber zu danken.

1 Ein Psalm Davids.
Der Herr ist mein Hirte, mir wird nichts mangeln.
2 Er weidet mich auf einer grünen Aue
und führet mich zum frischen Wasser.
3 Er erquicket meine Seele.
Er führet mich auf rechter Straße um seines Namens willen.
4 Und ob ich schon wanderte im finstern Tal,
fürchte ich kein Unglück;
denn du bist bei mir,
dein Stecken und Stab trösten mich.
5 Du bereitest vor mir einen Tisch im Angesicht meiner Feinde.
Du salbest mein Haupt mit Öl und schenkst mir voll ein.
Gutes und Barmherzigkeit werden mir folgen mein Leben lang,
und ich werde bleiben im Hause des Herrn immerdar.

Psalm 23 (Luther Übersetzung)

7. Gruppengespräch

- Beschreiben Sie eine schwierige Erfahrung in Ihrem Leben und erzählen Sie den anderen, was Sie dabei über sich selbst, andere Menschen und Gott gelernt haben. (Wenn jemand eine momentane Krise schildert, können Sie anschließend für ihn beten.)
- Welchen Dienst hat Gott Ihnen übertragen? Wie wissen Sie, daß Gott Ihnen den Dienst übertragen hat?
- Was ist Ihr Ziel im Dienst an anderen Menschen?
- Was hat Sie am meisten entmutigt?
- Beten Sie füreinander für die Dinge, die mitgeteilt wurden.
- Denken Sie an die Krankheit, Katastrophe oder Erfahrung von Leid, die Sie am meisten fürchten. Warum fürchten Sie sich so davor? Besprechen Sie miteinander, wovor Sie diese Angst haben und was Römer 8,38—39 für Sie bedeuten könnte.
- Betrachten Sie noch einmal Ihre Notizen zu Seite 88. Was hat Gott für uns getan? Nehmen Sie sich Zeit, um zusammen Gott für diese Dinge zu danken.

Verzeichnis der behandelten Bibelstellen

Sharon Fish / Judith Allen Shelly

Ein Kranker braucht mehr als Tabletten, Bd. I

Das helfende Gespräch am Krankenbett

Mit Thesen zur beratenden und parakletischen Seelsorge von Manfred Seitz und einem Geleitwort von K. H. Bormuth

160 Seiten, ABCteam-Paperback, Best.-Nr. 12245

Sollen die vielbeschäftigten Krankenschwestern und -pfleger neben allen anderen Aufgaben am Krankenbett auch noch den Geistlichen vertreten? Nicht unbedingt, schließen die amerikanischen Autoren aus den Fragebögen, die sie von Patienten zurückerhalten haben. Aber da sie, die Schwestern und Pfleger, den Patienten allemal die Nächsten sind, wenn sie ihnen den Rücken einreiben, sie waschen, verbinden, sind sie auch in vielen Fällen die ersten, die etwas vom Innenleben ihrer Patienten erfahren, ungezwungener und vielleicht echter als der gelegentlich hereinschauende Geistliche.

Judith Allen Shelly

Ein Kranker braucht mehr als Tabletten, Bd. II

Entscheidungen am Krankenbett

128 Seiten, ABCteam-Paperback, Best.-Nr. 12287

Wie soll sich die Krankenschwester entscheiden, wenn blitzschnelles Handeln notwendig ist? Wie der Pfleger, wenn der auf der Intensivstation liegende Patient sterben möchte? Soll er bei plötzlichem Herzstillstand Wiederbelebungsversuche machen? Wieder und wieder? An echten »Fällen« sucht J. A. Shelly herauszufinden, was nun wirklich verantwortbar ist. Dabei schließt sie die Probleme, die durch eigene Fehler entstanden sind, nicht aus.
Dieses Buch macht auf Möglichkeiten aufmerksam, die dem einzelnen helfen, das Wesentliche im Umgang mit dem Kranken zu erkennen und zu tun.

R. BROCKHAUS VERLAG WUPPERTAL